日本の霊性を上げるために必要なこと

矢作直樹×神原康弥

徳間書店

コロナウイルスによって、
私たちは「生きる意味」を
突きつけられているのではないでしょうか？
これは宇宙からの警告です。
命、心、絆、愛、それぞれが互いを思いやりながら、
人間らしく生きていくためのもの。

矢作直樹氏

縄文のご先祖様は霊性が高くて、
神人一如《しんじんいちにょ》の境地にありました。
これからは、
そういう部分を少しでも
思い出していく時代になっていくでしょう。

縄文の私たちのＤＮＡは、無意識レベルで
天とつながることができていました。
その精神性はいまにもつながっていて、
この点は、しっかりと次の世代に
橋渡ししないといけません。

神原康弥氏

僕はこのお仕事をする少し前に、ご先祖様から、
「私たちの先祖は、
見えない世界を使って生きてきたんだから、
あなたもそれを使って生きていきなさい」
というメッセージを
何回も受け取りました。
矢作先生、ご先祖様の影響とは、
どういうものですか？

我々は光と影、光と闇のある世界の中で、
「光として生きていけ」という
メッセージに聞こえます。
自分自身が光の役目であるということを
意識して生きていくことが、
先祖のエネルギーをいまに引き継ぐこと
なんだろうなという気がします。

「天とつながる人」が
必要となる時代がきました。
それは、強い光を放つ人が、
やがて世界のリーダーとなる日本に必要だからです。

日本の霊性を上げるために必要なこと　目次

第１章

コロナウイルスがうながす世界の波動的大変化

第2章

日本人の大調和の心/霊性の高め方

第3章

集合意識はどこへ向かうのか
――2020年の宇宙会議

第4章 縄文時代から現代まで ——日本人がたどってきたエネルギーの道

装丁　三瓶可南子
撮影　中谷航太郎
編集　豊島裕三子

第1章

コロナウイルスがうながす世界の波動的大変化

一人ひとりが意志を持って霊性を上げるとき

神原　２０２０年１月末頃から耳に入ってきた新型コロナウイルスは、あっという間に全世界に広がりを見せました。

多くの感染者や死者が出て、人々は恐怖を味わわなければならない事態となっています。

そして今後起こるであろう経済破綻に伴い、私たちは「生きる意味」を突き付けられているのではないでしょうか？

これはまさに宇宙からの警告なのです。

命、心、絆、愛、それぞれが互いを思いやりながら、人間らしく生きていくための。

僕は昨年、２０１９年から「２０２０年は良くも悪くもいろいろなことが起きる年になる」と言ってきました。日本にとって「すべてが変わるだろう」とも予想してきました。

しかし、もちろん日本もかなり影響を受けてはいますが、世界中で多くの死者が出、世界中がパニック状態になっているということは、**日本のみならず世界が波動的大変化をとげようとしていることなのです。**

それは世界全体への警告でもあるのです。

パンデミック（世界的大流行）からの経済破綻は規模の大小はありますが、これから、世界中のあちこちに現れることになるでしょう。

しかしそれは、いままでの行き過ぎた経済活動に歯止めをかける、もっと言えば、マイナスエネルギーを発しているものの浄化作業なのです。

そのための神計らいなのです。

いま、宇宙は地球上の滞《とどこお》るものすべてを破壊し、新しいパラダイス、神聖な国をつくろうとしているのです。

世界がパニック状態になる中で、日本がアメリカやイタリアのように比較的パニックにならないのは、日本人の霊性の高さを示しています。

きれい好きであるため、衛生面を考え、手洗い、マスクの着用が日常化していることや、靴を脱いで生活する、トイレがどこにでもあり使いやすいことなど、多方面から物事を考えられていて、叡智《えいち》を持つ人種であることがうかがえます。

また、霊性が高いということは、生きる力を持っていることでもあり、強運でもあるということです。

ふだんは霊性が高いか、低いかなどといったことを感じるのは難しいのですが、日本は霊性の高い国なのだと意識するだけでより崇高な意識になりますので、そこに気づいていただきたいと思います。

今回のパンデミックが終わると、世界は経済を立て直し、私たちの働き方、生き方も大きく見直されると思います。その中で日本の生活スタイル、マナー、エチケットなどは世界中で注目され、取り入れようという流れになるでしょう。

これは日本の魂の継承を日本のみならず世界へ向けて行うことで、**日本のエネルギーを世界に広げることになります。**

近い将来、日本が大変な役目を担《にな》うという重大な意味を持っています。

私たちは日本人の心の美しさを再認識しておく必要があると感じています。

また、パンデミック後、1年半から2年ほどの間は失業率が上がり、いままで当たり前に受けられたサービスが受けられなかったり、時間がかかったりといった変化の厳しいものになるかもしれません。

しかしそれは、次元上昇による変化ですから、自分らしさを見失わず、世の中の次元上昇に合わせるよう、皆さんも次元上昇なさってください。

いわゆる**一人ひとりが意志を持って霊性を上げるということです。**

10年後は確実に良い時代になっているので、ぜひ、天とつながる感覚を身につけておいてください

神原　僕は仕事を始めたいまから5年前、2015年から「次の時代は絶対、霊性を上げることが大事だ」と思っていました。

ですから僕の連続講座で、一人ひとりの意識改革をしながら自己エネルギーを高める光・エネルギー気功を受けていただき、また、自分でする方法を学んでもらっています。

そして宇宙とつながる方法として、リーディングを教えてきました。

いままでにも多くの生徒さんに伝えてきましたが、いま、この考えが間違いではなかったと、嬉しさと自信になっています。

ただ生徒さんを見ていると、リーディングができるようになると、そこに到達した慢心から、その先を学ぶことをやめてしまいます。

僕から言わせると、リーディングは誰にでもできることです。

光・エネルギー気功で自己エネルギーを高めたら、今度は自己エネルギーを宇宙まで上げてください。自然とメッセージが降りてきます。

そこでやっと「悟りの道」のスタートなのです。

宇宙とつながることは自分とつながることであって、自分の軸ができ上がった状態なだけです。軸ができて意識が広がり、社会の真実が見え始めます。

何が正しく何が間違いか、何が良くて何が悪いか直感的にわかります。

そして、宇宙はどう考え、どう行動すればよいのかを知らせてくれます。

それも親のように、友人のように愛情深く。

僕が教える連続講座は御神事のようなもので、その価値があると自負しています。多くの人に関わってもらいたいと思っています。

僕には、パンデミックから次の時代がはっきり見えました。

いままでは、ぼんやりとしか見えていませんでしたが、間違いなく**「天とつながる人」が必要となる時代がきました。**

それは、**強い光を放つ人が、やがて世界のリーダーとなる日本に必要だからです。**

そしてそのような人が自分を活かし、誰も感じることのできないような充実感を味わうことのできる時代となります。

10年後は確実に良い時代となっています。

ぜひ、天とつながる感覚を身につけておいてください。

「ステイ(アット)ホーム」について

神原　日本政府が新型コロナウイルス感染症への対応として緊急事態宣言を出したのは2020年4月7日(火)でしたが、3月からの自粛ムードもあり、かれこれ3か月近く(5月現在)も家の中にいるのは、いくら勤勉な日本人でも大変だと思います。

矢作　新型コロナウイルス感染拡大を防ぐため「ステイ（アット）ホーム」などと自粛をうながされましたが、最初から言い間違えています。

本当は家の中にずっといる必要はなくて、人との接触機会を減らすのが目的です。だから「家にいましょう」ではなくて、「接触機会を減らしましょう」という言い方のほうが正しいと思います。

神原　僕の住んでいる団地でも、朝の6時や7時に散歩する人がいたり、夕方に遊んでいる子どもがいたり、人と接触しないよう個々に工夫していたようです。

矢作　自粛で家の中にこもって心を病《や》んでしまったり、体を弱くしてしまったら本末転倒です。だいたい「ステイ（アット）ホーム」でも、コロナウイルスにかかりますから。

大切なことは、普通に暮らして健《すこ》やかに生きること。

神原　コロナウイルスで多くの人々がパニックになるのは、感じたり、考える力を失って、テレビやニュースのあおりに洗脳されているからなのでしょう。

矢作　私たちは発信された情報の趣旨をもっと理解しないとね。

神原　テレビやニュースの情報を鵜呑《うの》みにしない。

矢作　頭を使わないといけません。
神原　僕は「恐怖のエネルギー」が新型コロナウイルスを引き寄せると思っています。
矢作　そうですね。
神原　新型コロナウイルスは、「怖い、怖い」と思っている人のところに行きます。
　そして、それを自分で認識していない人に、よけいに行ってしまうようです。
矢作　感染してしまった報道関係の方々には、どこかに後ろめたさがあるんじゃないでしょうか。
神原　潜在意識でしょうね。
矢作　発信している情報やニュースが、真実であればいいですが、実はそうではない。私には本当のことだとは、とても思えません。その上、国民を暗いほうへ引っ張っています。
神原　ウイルスは、マイナスがはびこっているところに行くのですね。
矢作　間違いなく、そうです。

コロナショックのピークは2020年4月20日頃でした

神原　新型コロナウイルスに対する人々のマイナスエネルギーのピークは、2020年4月20日頃でした。皆さんは表面意識ではわからなかったと思いますが、そのあたりから、平常心に戻っていました。

宇宙の采配では、3月末頃に「コロナはもう終わり」と決めていました。

そして、3月末から4月の初めにかけて、日本で緊急事態宣言が出た少し前でしょうか、「あとは人間がどう受け取るのか、さまよい続けるのか、パニック状態を続けるのか、もしくは落ち着きたいのか、それは人間の采配ですよ」というメッセージを受け取りました。

矢作　パニックが続いていたというのは、人々は心配を体験したいのでしょうね。

――前著『願いはゆっくりゆっくり　叶えられるんだよ』（徳間書店）で、一年の中で「宇宙からの美しいエネルギーが一番降り注ぐのは春」とありましたが、今年、２０２０年はどうでしたか？

神原　不思議なことに、例年とは異なり、今年、２０２０年の１月が宇宙のきれいなエネルギーが降り注いできました。２月もきれいでしたね。

だけど２月の終わり近くになったら、マイナスの波動がどんどん降りてきて、「これなんだろう？　どうしたんだろう？」と思っていたら、それは宇宙のエネルギーではなくて、「人間の意識」でした。しかも量が多くて、押しつぶされるような感覚がありました。

コロナウイルスでパニックになっている人たちのエネルギーなんだなぁと思ったら、自分も落ち着きましたが、それぐらいひどい人間のマイナスエネルギーを感じました。

――例年１～２月は宇宙から降り注ぐエネルギーは低いのですよね。

神原　はい。一年で１～２月が一番低いです。正確に言うと、１～２月の宇宙のエネルギーは「薄い」という感じです。

そして3月くらいから上がっていきますが、今年、２０２０年3月のエネルギーは低かったです。人間のいろいろなものが混ざったどろどろとしたエネルギーが多かったので、宇宙のエネルギーを感じる暇がありませんでした（笑）。

宇宙からの一番波動の高いエネルギーが降り注ぐのは、7月です。

この時期に一番高くなって、夏になると落ちていきます。

でも、10月くらいの宇宙のエネルギーが一番受け取りやすいです。

どうしてかというと、人間はあまり高いエネルギーは受け取れないのです。

7～8月は一年で一番波動の高いエネルギーですが、受け取りづらい。温泉で湯あたりしてしまうような感じでしょうか。

9月の末から10月くらいが、一番受け取りやすいです。

その次は、4月から5月の春のエネルギーですが、皆さんはそれどころではなかったかもしれませんね。

これから1年半から2年は大変な時代になります

矢作　今回のコロナウイルス問題から、くみ取れることはいろいろあると思います。行き過ぎたグローバル化をはじめ、チャイナリスクとは何か、そして拝金主義が生んでしまった側面もあると思います。

あとは職業のシフト。現在、必要だけど人手が足りない中小企業の仕事や製造業、あるいは農業などの第一次産業に、再び人が戻っていくといいのですが。

神原　観光とか外食産業など、行き過ぎたエネルギーを発している部分に対して、強い言い方になりますが、破壊を与えることによって、新しい時代を迎えようとしていると思います。

矢作　スクラップ・アンド・ビルト。移行していくことで、新しい形になっていくのではないでしょうか。大変なことですが、これも必然です。

神原　僕がいまの仕事を始めるときに、いつかこういうときが来ると感じていました。一番最初に新型コロナウイルスの問題を聞いたときに、「これだったのか」という衝撃がありました。

矢作　これだけでは済まないと思います。これから観光業やサービス業、製造業の一部、芸術関連の職などで立ち行かなくなる人が出てきて失業者が増えるでしょう。また、精神を病む人が出てきたり、病人がどんどん出てきたり、暴動が起こったりと、いろいろなものが出てくると思います。

あるいは天変地異が起きたり、日本では南海トラフ地震の心配もあります。

神原　人間の意識がマイナスになりすぎることで、そのエネルギーが膨張していく恐れはすごくあると思います。

特に、これから1年半は、さまざまなことが起こってくると思います。大きなことも出てくると思います。だから気をつけてほしい。

矢作　そうですね。

神原　自分の足元をしっかり見つめてほしい。生活や家族や目の前のことに取り組んでほしい。これから1年半は、そういう時期なんです。

矢作　乱気流の時期です。否が応でもさまざまなことが起こって、自分の足もとを見つめざるを得なくなるでしょうね。

神原　これから経済は大変になりますね。大手の企業でも安心できないと思います。どういった会社が危なくなるでしょうか？

矢作　本来の筋から外れてしまったところは危なくなるでしょう。たとえば百貨店などでもインバウンド目当てで、日本人を締め出してしまったようなところはね。もとの隆盛は戻らないでしょう。

神原　肥大化しすぎたものは。

矢作　そうです。供給が需要を生み、それが過剰な供給を生んでしまうシステム、行き過ぎたグローバル化の揺り戻しが始まります。

神原　購買意欲を掻き立てた行き過ぎたグローバル化は、今後気をつけておかなければなりませんね。

言論の自由からの流れで暴動や侮辱行為がエスカレートする可能性もあります。何をやってもよい、何を言ってもよいの風潮は人をおとしいれる危険性があります。また、広告の行き過ぎた商業方法にも危険性を感じます。

矢作　そういったものは正常に戻るでしょう。

神原　経済は3年くらいで落ち着いてくるとは思いますが、そこにいくまでは、かなり大変な思いをする人が出てくると思います。

矢作　最低2年はかかるでしょう。

昭和4（1929）年にアメリカ合衆国で発生した恐慌の影響が日本にも及んだ昭和恐慌では、日本の経済が戻るまでに5年かかっています。

神原　5年は見ないといけませんか？

矢作　時代が進んだ分だけ、今回のダメージコントロールは早いと思います。そして、少し時間はかかるとは思いますが、確実に直っていくと思いますね。

日本人は「働きたい」というエネルギーをたくさん持っています

神原　職種によって違いはありますが、個々で仕事ができる人たちは、テレワークを選んでいくと思います。それぞれが意見を出し合って、何かを作り上げていくような創造的な仕事はなくならないと思いますし、選択の幅が広がり、選びやすくなっていくと思います。

そしてテレワークが可能になることによって、地方へのUターンがはやり、それがステータスにもなっていくと思います。

日本はこれから働き方が多様化していくので、そういう意味では働きやすい環境が整っていくでしょう。コロナ危機を境に、変わっていきます。

特に東京は変わったほうがいいです。

都会の人は地方の魅力を知ることも大事です。反対に、東京から地方に行った人が都会に戻ってきて、地方のよさを広めていくケースも増えるでしょう。

矢作　都会に人が集まるのは、現金が欲しいという動機があったと思います。

神原　これからはお金の価値も変わっていきます。

お金よりも新鮮な野菜を食べるほうが魅力的、と思う人が増えていくと思います。

矢作　変化を受け入れていくことも大事ですしね。

これからはGDP（国内総生産）という発想ではないでしょう。

神原　僕は「働くことは美学」だと思っています。

矢作　日本人の美徳です。西洋人みたいに「遊ぶために働く」のではないですね。

神原　日本人は「働きたい」というエネルギーをたくさん持っています。

そのエネルギーを大いに活用したほうがいいです。

僕は子どものときから、働くことにあこがれていました。「僕はどうやって社会に絡んでいくことができるのだろう？」と、ずっとそう思ってきたので、働ける人って、本当に幸せです。

会社に仲間や上司がいるということは、本当は恵まれているんですよ。最近では、会社に所属する、付属するのが嫌だという人もいますが、「付属」をマイナス的なものとしてとらえる必要はありません。

矢作　人は、何かに付属しなければ生きられません。

神原　そうですよね。付属することのよさもあるんです。居場所があるというのは大事なことで、精神的な落ち着きが生まれたり、仲間意識も生まれます。孤独にならなくてすみます。

医療は変わっていくのか

矢作　医療は変わると言えば変わるでしょうけれど、急激に大きく変わる感じはしないですね。だいたい医療自体はあくまでも補助ですので。

神原　医療はそんなに発展していかないと思います。

だけど、いままでのように気軽に病院に行こうとする、「腰が痛いから病院へ湿布をもらいに行きましょう」というのはなくなっていくでしょうね。

矢作　「人頼み」というコンセプトが、医療だけではなくて、さまざまところでなくなると思います。自分でできるんだ、という意識へ変わるといいと思います。だいたいウイルスは、ほうっておけば治ります。今回の騒動がウイルスが原因であるという理由もそれです。

神原　そうなんですね。

矢作　なんでも感情的に走るのではなく、**起こった出来事に対して「なぜなんだろう？」と考えて、そこからメッセージを受け取ることが大事です。**生活習慣が病気をつくるのと同じで、**物事には必ず因果関係があります。**人頼みではダメなんです。結局、自分の中に答えがあるのですから。厳しいことを言うようですが、イエス・キリストの言葉にある「自分で蒔《ま》いた種は、自分で刈り取る」。

神原　物事をどう受け取るか、「受け取る力」が大事になってきますよね。

これからは、そんな流れになっていくでしょう。人間の器も大きくなります。

矢作　すべて進化の方向へ向かっています。

神原　そう意味ではこれからは、生きやすい、暮らしやすい世の中になっていくと思います。

矢作　そうですね。いままでのグローバル化は、日本にとっては厳しい面がありました。グローバル化とは、低いほうに合わせるわけですから。

神原　これから1年半から2年は大変ですけど、そのあとは豊かで暮らしやすい日本になると思っています。

中華人民共和国と北朝鮮は変わっていくでしょう

神原　この1年半から2年を乗り切れるか、乗り切れないかは、いまの政治家がチェンジできるか、できないかにかかっています。本当は1年半でできることが、面倒になったり時間がかかったりして5~6年もかかってしまうと――。

矢作　そこは我々も考えています。

神原　日本が大きく軌道修正して、世界のリーダーになっていけばいい。いままではアメリカが世界のリーダーでしたが、これからアメリカの政治も混乱するでしょうし、産業も痛手を受けるでしょうから、日本も問題は山積みですが、アメリカよりはいいのではないかと思います。

日本は、いち早く軌道修正、新しい構築ができればいい。

そうすれば、世界の中の日本は、思想的なリーダーになれると思います。

それをやらなくてはいけないのです。

矢作　これからの日本の役割は大調和の実践です。

神原　チェンジや軌道修正は政治家だけではなくて、企業のトップがそれに気づいていってほしいです。政治家に任せていたら時間がかかります。経済的に成功したような人材が出てきたらいいですね。

政治家が変わるのは一番最後ですけど、できるだけ早くしてほしいです。

矢作　隣の国、中華人民共和国も変わっていくでしょう。
現在、次の国づくりに一生懸命動いている人たちがいます。
ただやっかいなのは、人民解放軍の暴発です。実戦にならないよう気をつけないと、
米中戦になってしまうので。
そういうことを、いまから考えておかないといけないのです。
神原　政治は重要ですね。これは国民一人ひとりが関心を持ち、動向を観察し続ける必要があると思います。
矢作　金正恩《キムジョンウン》の魂は、あちらに行ってしまったようです。
神原　まだ体は生きていますよね？
矢作　はい、重篤な状態でしょう。
神原　なぜこの時期に？
矢作　アメリカがやっているときいています。病気で亡くなるようにするとのことです。
神原　やっぱりアメリカですか？
矢作　はい。そんなことはアメリカしかできません。アメリカとロシアが手を組んで、

いろいろ動いているはずです。
それと、のちの北朝鮮にアメリカが入っていくなど、当然、彼らのシナリオで動いているようです。

神原　この時期に北朝鮮の政権交代は難しいのでは？　と思っていました。

矢作　去年、2019年2月に、第2回米朝首脳会談がベトナムのハノイでありましたね。そのときに金正恩はトランプ大統領から、釘を刺されていたと思います。
金正恩が言うことを聞いていればよかったのですが、結局、物別れに終わったということは、アメリカの虎の尾を踏んでしまったのでしょう。

神原　金正恩は言うことを聞かない人ですよね。何度か彼にエネルギーを送ったことがありますが、魂レベルで受け取ってくれませんでした。

矢作　2020年4月26日の16時過ぎに、あちらに行ったというエネルギーを受け取りました。

神原　僕ももっと必要な情報を受け取るようにしよう（笑）。

新型コロナウイルスで死者が少ない日本の要因は？

神原　一番の要因は日本人というＤＮＡです。

それについて説明する前に、魂と神様の話をします。まず魂には階層があって、上級層、中間層、下級層に分かれています（93ページ参照）。その中の一番上、上級層の魂を神様と呼んでいるのですが、そこも仕事別に5階級に分かれています。

一番下は多くの神様がいて、死者を迎えに行き、昇華するためにエネルギーを与え、サポートする役です。次の階級は中間層の勉強会の面倒を見る先生役、次の階級は人間の守護霊や地球の危機のときにエネルギーを降ろすサポート役、そしてその上に主導者であるアマテラスがいます。

アマテラスは日本人ですが、イエス・キリスト、レオナルド・ダ・ヴィンチ、ガンジーより上で、宇宙のトップとなっています。

その時代は、日本は、世界の中で一番霊性の高い国だったとうかがえます。

だから私たち日本人は、海外にはない感性を持ち合わせているのです。

認識されていない方も多いと思いますが、日本人というのは、それだけのエネルギーの高さを持っていたのです。だから日本人の霊性は高いのです。

明治時代までは、「私たちはすばらしい存在」だという教育をされていたと思います。

しかし、それを一切なくしてしまったのは、アメリカによる戦後の教育です。

これからの日本に必要なのは、精神的自立です。

そうでないと、これからの時代を乗り越えていけないと思います。

日本人はがんばらないといけないですね。

矢作　そうですね。私はキーワードは「ジャパン・パラドックス」にあると思っています。

欧米と一緒になって日本人もこれだけ騒いで、エネルギーが相当落ちているのにもかかわらず、感染者数はたいしたことがないし、死者数も少ない。

2020年6月12日時点で、世界全体の感染者数は778万人を超え、死者数は43万人を超えています。アメリカの感染者数は207万人を超え、死者数は11万5000人を超えました。それに対して日本の感染者数は約1万7000人で、死者数は924人と少ない。

彼らは「どうしてなんだろう?」と、日本のことをずいぶん調べているみたいですよ。

神原　イタリアの死者数も多いですね。6月12日時点で、3万4000人を超えました。なんであんなに広がったのかなあ。

矢作　イタリアにも中華人民共和国の人がいっぱい入ってきていますね。

エネルギーとして見ると、闇なんですよ。結局、闇がそういったものを広げていくので、その闇は何かという視点で見ると、わかると思います。

神原　中華人民共和国のエネルギーが粗悪であることは、今後もっと表面化していかなければなりませんね。

もちろんそれに気づいて、明るいほうへ成長している中国の人々もいると思いますが、それはまだ少数です。

矢作　人類が天然痘を撲滅できたのは、感染すると症状が出る人以外に感染しないワクチンがある、という特色があるからといわれています。ですが、つまるところ人間の集合意識が天然痘を超えたからです。それが真実のようですね。

神原　天然痘やインフルエンザ、ガンなど新しい病気が出てくるのは、命とはどういうものなのか、自分の人生とは何かについて考えたり、気づいたりしなくてはいけないというメッセージだと思うんですね。

こんなにつらいことが起きるのは、世界的にもそれについてもっと見直して、しっかり生きていかなければいけないというメッセージだと思います。

矢作　そうなんですよね。

日本人の暮らしにある豊かさ

神原　これを機会に、日本の思想をしっかりアピールすればいい。

日本人の暮らし方の中に、豊かさがあると思うのです。それが広がるといいと思っています。

矢作　日本人は、感謝の気持ちがありますよね。あと、美しいものを感じられる感性があります。美とか感謝を感じられる「心持ち」を育てていけばいいと思います。

感性が未発達な人たちは、相変わらず「大きいものはいいことだ」という思想ですが、そういう雑な発想は、だんだん廃《すた》れていくと思いますね。

神原　これから1年半から2年くらいかけて、日本人のよき暮らし方というのが世界に広まるのが大事かなと思います。

矢作　アニメもそうでしょうけど、芸術だったり、日本の食生活だったり、ネットやさまざまなものを通じて、どんどん広がっていくと思います。

神原　広がって二極化になっていきます。意識の高い人、低い人の幅が出ます。

現実的に仕事で成功する人、幸せな家庭を築いていく人、人のため社会のために活躍の場を広げていく人もいれば、孤独になる人、病気に苦しむ人、食べていくことができないほど貧乏になる人が増える。

でも、僕たちは本当に面白い時代に生きています。これはラッキーだと思いたい。

令和2年のコロナ騒動は、のちの時代の教科書に絶対に載りますね（笑）。
ここから産業構造も変わり、人間の意識も変わっていったと。

矢作　約100年前、1918年から1920年に流行したスペイン風邪のあともいろいろありましたが、今回はコロナ騒動から始まり、中華人民共和国がなくなり、朝鮮半島が統一されたり、さまざまなことが変わっていきますからね。

神原　そういう意味で面白い時代ですね。

矢作　「面白い」と思ってみることが大事ですね。

神原　でも、歴史の中の「渦の中」にいてはいけない。

矢作　そうです。ちょっと、俯瞰《ふかん》しなければいけない。

神原　ちょっと上から見る。

矢作　そして、流れに流されない。

神原　俯瞰して見ることによって、幸せもたくさん感じられると思います。
自分は幸せだと感じられること、それはとても大事なことです。

第2章

日本人の大調和の心／霊性の高め方

「生きていることは当たり前ではない」と伝えたい

神原　僕は小さかったのでよくは覚えていませんけれども、2歳半のときに脳症になって、それを乗り越えて現在に至っています。その中でいろいろな気づきを得て、いま、講演会のお仕事や本の執筆をさせていただいています。

人間は、命の大切さとか、危機感とか、人生には期間がありますよ、永遠ではないですよというところから、究極の気づきを得ることが多々あると思うんです。

命の危機と気づきをどういうふうに感じていくのか、何を感じていけばいいのか、まず矢作先生のご意見をおうかがいしたいと思います。

矢作　「その瞬間、瞬間への喜び」と「感謝」という答えがきました。

神原　生きていることの喜びと、同時に感謝ということですね。それはすごく大事だと思いますが、それができない人たちも多々いて、その感覚を得たいのにそこに行けないというのは、どういう心理からなのでしょうか？

矢作　自分の想像力が限られているせいもあるんですけど、ほかの人のことは、正直、わからないですね。

神原　先生の体験から何かありませんか？

矢作　例えば、息をとめてみると苦しくなりますね。そうすると、息を吸えることの喜び、つまり、「息を吸えることは当たり前ではない」という意味での喜びと、「体さん、ありがとう」という感謝。誰もができて、そこから感じてもらうというしかないですね。

神原　感謝の心がわいてこなかったり、幸せを思うことができない人は、往々にしてエネルギー不足だと思います。

自分のエネルギーを上げていくには、宇宙のエネルギーを取りこんでいくことが必要だと思います。

また、いままでは、気功師に施術してもらったり、気を中継する器機を使うことでそれが可能でしたが、これからは自分で気を取りこみ、自分のことを自分で癒し高める自立型になると思います。

それから輪廻転生して魂は続くけれども、「命には限りがありますよ」ということを皆さんに理解しておいてもらいたいなと思っています。

魂には輪廻転生があって、私たちは地球にいるけれども、宇宙に帰っても「私という存在」はちゃんとありますよということを皆さんにお伝えしたくて講演会やコンサルティングをしています。

だから、現在、のんべんだらりとしていてはいけませんよと思っていますが、矢作先生はどうでしょうか？

矢作　今回の生が、有限であるということは誰でも気づいてほしいところですが、いま生きているのが当たり前でないということを、どうやって気づいてもらうかという話ですね。

神原　そうですね。

矢作　のんべんだらりとは、つまり、一生懸命生きていないということなんでしょうけど、生きていることが当たり前でないと気づかないと、逆に、そんな生き方になってしまうのでしょうね。

まだ自分自身は明快な説得の仕方を知らないんですけれど、何で有限だと思えないのか不思議ですね。だって、すぐあとに事故に遭《あ》うかもしれないし、あるいは、突然、心臓発作などで倒れるかもしれないという可能性はあるでしょう。

だから、想像力と常識というか、若くても死んでいる人はいっぱいいるわけで、やっぱり気づいてねと言うしかない。そういう当たり前の説明をしてわからない人は、相手にしてもしようがないと思います。

康弥《こうや》さんと私の話は、対象がごく限られた人になると思うのです。

もちろんたくさんの人に読まれたほうがいいんですけれど、想定する読者をある程度決めて話したほうが、説明しやすいような気がするのです。想像力とかある程度の認識力があって、気づこうとしている人に向ければ、あまり難しく考えなくていいのではないかと思います。

康弥さんの言葉には説得力がある

矢作　まず、命という現実的なところからいきましょう。

神原　僕にとって、命というものは輪廻転生を繰り返しますから、地球上にいた「肉体を持っているときが命のあるとき」と考えます。

矢作　そうですね。今回、康弥さんの人生は、普通の人よりも厳しい条件の肉体を選んでいる。あえて修行と言う必要はないと思うんです。楽しんで生きるということでいい。ご自身に課した条件が普通の人よりは厳しいので、その中で、説得力のある内容が期待されるのです。そのことを率直に言いましょう。

康弥さんの本当の記憶のところでは、当然ご自身で選んでいるのでわかりますね。

それをいまはわからなくても、そこからいろいろな学びを、それこそ我々ができないことをたくさんされていると思うので、それを人々に語りかければとても気づきになると思うのです。

つまり、病気というのは、ある意味で自分で選んだ、あるいは、結果として自分への気づきという意味では、とても貴重なものだと思います。

神原　いま現在、この障がいがあることに対しては、誇りに思っています。

ただ、人と比べてしまうと多くのことが辛く思えてしまいます。

矢作　それこそ普通の人ではわからない学びと、普通の人では言えない説得力がありますよ。

自分の軸をぶれさせないように進んでいく

神原　病気になったときのことはあまり覚えていないんですよ。ただ、あとから思い出したという感じです。
矢作　思い出すことはけっこう重要です。私もなぜこんなときにと思うようなタイミングで、思い出すことは多々あります。

神原　思い出すのは、学校で先生に体罰を受けて、そのショックで熱がずっと続いたときに、悪夢や前世のフラッシュバックに悩まされたことです。

自分が三途《さんず》の川のようなところを渡っているシーンであったり、前世がドラマみたいに全部きれいに流れてくるならいいんですけど、一瞬一瞬で画面がパラパラと変わっていって、最初はどういう前世だったのかさっぱりわからなかったんです。時間がたつうちに、そのパラパラの1場面が少しずつ長くなり始めて、だんだんつながってきて、これが僕の前世だというのを知ることになるのです。

それでけっこうつらい時期が1年か2年ぐらい続いたんですけど、それがおさまってきてからは、前世の自分から多くの気づきを得ていきました。

矢作　そこにやっぱり学びがあるわけですね。それはありがたいことだと思って、味わっちゃえばいいと思うのです。康弥さんの経験が、人様への気づきにもなると思うので。

神原　最近、一つ前の前世の話をし始めています、僕はその前世があったから、いまはこうやって人に伝える仕事をしているのだと思います。

僕はチベットの僧侶でした。だけど、その寺院でナンバー2まで上がったときに、この権力は自分にとって要《い》らないものだと気づいたのです。

自分が目指していたのは偉くなることではなくて、人を助けてあげたり、育てることができるような、自分を指導してくださった先生のような人になりたいと思っていたはずだと思って、その位を捨てて放浪します。

最後は若い僧侶と一緒に小さな村で過ごして一生を終わるという前世なんですけど、ここがいまの自分とすごく関わっています。

矢作　江戸時代の良寛さんみたいですね。

神原　そうですね。そういう経験をしているので、そろそろ僕も最終段階に入っているんだなというのは気づいているところです。でも、その頃の世の中より、いまの世の中のほうがちょっと生きづらいかな、大変なのかなという感じはします。

矢作　どうしても情報の交換がふえて、さまざまなエネルギーも昔よりは混ざるので、そういう意味での負荷はあるでしょうね。

神原　その頃は何年前なのかよくわかりませんけど、いまのほうがやっぱり生きづらいんだなと思います。

情報が複雑化しているということは、エネルギーが複雑化しているということで、ということは、複雑ではないほうがいいんじゃないかと思うのです。

矢作　人類の進歩はスパイラルみたいなものだと感じられます。

つまり、一方通行に振り子が振れながら上がっていくのではなく、もうちょっと多様性というか3次元的に。なので、生きやすい、生きにくいということから見ると、もちろん生きにくい部分は多々あるとは思いますが、一昔前の情報が少ない中での進化とはまた違う学びをするフェーズ（段階）だと思えばいいのかなと。

神原　情報に振り回されないように自分を変えていけばいいということですね。

矢作　いまはスマートフォンで大量の情報を見られますが、本当は情報リテラシーがないと、かえって学びとしては下がってしまうわけですね。つまり、脇道へそれていっちゃうので。

情報の価値は、情報リテラシーを上げることによって多くの情報を適切に取り込んで処理できることが基本なので、それがなければ逆効果にしかなりません。

神原　自分がどういう状態であれ、そこに適応していくことが大事ということですか？

矢作　適応という場合も、いわゆる流されるのではなく、自分の軸をぶれさせないようにしながら、そういう乱流の中で進んでいくということでしょうね。

神原　乱流の中で知恵をしぼり、楽しむ自分に変化させるということでしょうか？

矢作　「変える」というよりは、「変わる」ほうがいいと思うんです。

イソップ物語の『北風と太陽』のように、自分がまず照る。

人間はすごい可能性を持っています

神原　子どもの頃、自分のことが見えたり、また、エネルギーが見えたり、時には幽霊が見えたりしながら、ずっと育っていくわけなんですけど、一時期は、自分が人と違うんだということにすごく悩みました。

何で僕はこんなに見えちゃうの、何で僕はこんなに人の気持ちが読めちゃうのとか、寝ているのに「康弥君は、こういう子だよ」と人がうわさ話をしているのがバンと入ってくる。そういうのにイライラしたり、どうして僕はこんなに自分の能力に振り回されるんだろうと、この仕事を始めて1〜2年はすごく感じていました。

矢作　そういう人との違い、多様性は基本なので、あとはそれをどういうふうに感謝して受け入れて、役割として発揮するかということだと思うんですね。

神原　いまは自分の能力はありがたいと思っています。自分そのものと能力を別にしなくてもいいかもしれませんけれども、この力を自分の幸せのために使わせてもらおうと思っています。

僕自身が幸せと思えるようになると、周りの人も幸せと思ってくれたり、喜んでくれたりするんじゃないかなと思っているんです。

あとは、僕は子どものときから、父はいましたけど、母との絆が強くて、母とずっと過ごしている期間が長かったんです。ですから、普通の子どものようにサッカーができないとか、学校に行って勉強できないとか、そういう思いをけっこう持っていて、「僕は恵まれていない」という負のエネルギーをずっと抱えながら生きてきました。

子どもの頃は、それがよかったわけではないけれど、そんな思いを詩にしたためることができたり、そこでエネルギーの表現ができて、それはそれでよかったと思うんです。でも最近は、これ以上その思いを抱えているのは、自分の可能性に対して誠実じゃないなと思っています。

何かをやろうとするとセーブがかかるのです。

簡単に言えば、勇気が出なかったり、突然悲しみに襲われたり。

人間は、どういう環境に生まれているかで、ある程度の可能性を決めてしまうということがあるなと思って、これではいけない、そしてそれを変えたいと思っているんです。

矢作　普通の人は、もちろん自立できない年のときはしようがないけど、あるときから成人というか、自分の責任で自立するという切りかわりがある。そうしたら、それ以後は人のせいにできません。

神原　僕もそう思っています。

僕が生徒さんたちを見ていて思うのは、人間はすごい可能性を持っているということです。僕は未来が見えますけど、その未来を大きくプラスのほうに持っていくと、最終的に人間はすごい感じになるんですけど、多くの人は難しい。皆さん、何でそこに行けないかというと、やっぱり自分の可能性を低く見積もっているのです。

矢作　意識の壁があるでしょう。いつも言うのですが、目が曇って、心に毒があって、頭に意識の壁があると何も見えないし、何もわからない。

神原　そうなんですよ。そう伝えているんです。

矢作　それを軽減する方法は、やっぱり童心に返って、いまを感謝して楽しむ。「中今《なかいま》」になっちゃうことですね。

神原　自分自身も、まだまだこれから伸びていくぞと思っていますが、周りの人を見ていても、「その思いはもう外して」という部分がいっぱいあるので、もったいないなと思っています。

そこを外してくれるとミラクルなことが起きるんだけどなと、いつも思いますね。

結局、一人ひとりの人たちが少しずつ、「あっ、自分って面白いな」と思いながら生きていけるようになること。みんながそれをやり始めると、人生が大きく変わっていきます。そうすると、日本の未来も変わっていくのです。

矢作　集合意識ですね。

神原　魂は、生きている間にいろんなことを学びます。それは楽しいことも、つらいことも、両方学んでいいと思うんです。

だけど、どうせ生きているんだったら、やっぱり楽しいとか幸せというのをたくさん感じてもらいたい。それを感じ取るためには、個々が輝く。

個々が輝くと、勝手にみんなが上がりますから。

僕は世の中の変化を色で見ることができるので、今後を楽しみにしているのです。

それこそ自分の能力を使って楽しむことの一つだと思っています。

そして変化していることを人に伝えれば喜んでもらえる。

一石二鳥だと思います。

霊性を高めるには？

神原　僕が最近言っているのは、霊性を高めるには気づきしかありません、気づいてくださいということです。

「気づく」ってどういうことかといったら、それは「感じる」なので、「感じる」力をつけておかないと、気づきには至らないよ、だから、みんなに気づきなさいと言っています。

僕はよく自分の講座で生徒さんに、「家を出てから僕の家に来るまでに、どんなきれいなものがありましたか？」と質問して、20ぐらい書き出してもらいます。そうやってプラス面に目を向けることが大事なのです。

矢作　その気づきの基本は、最低限、五感を使うことです。

歩きながらスマートフォンを見て、感覚を遮断していては無理ですね。

神原　そうですよね。だから、「気づけません」と言う人たちに僕は、「じゃ、電車の中でどんな景色が見えたかを思い出して。どんなだった？　何が見えましたか」と聞いてみます。「これが見えた」「あれが見えた」と言う人もいますが、多くの人は「そういえば窓は見ていませんでした」と言います。なので「じゃ、隣にどんな人が乗ってた？」と続けます。

そうやって、身近なところをよく観察して、「自分はどう感じたか」と対話していくとよいのです。

これは癖をつけていけば、絶対できると思います。

矢作　習慣ですね。

神原　苦手意識を持っている人は宿題にして、「やってきて」と言います。

習慣化しないと力にはなりません。

矢作　ちょっとした方向転換ですね。

神原　それを教えるだけで、人は変わっていきます。気づくことの大切さと、その楽しさを知れば、意識は自然と明るい方向に向かいます。これが霊性の高め方の一つです。

怒りを浄化する

神原　障がいがあるということは、日常の中で不便なことがいっぱいあるのです。母にやってもらうまで、待っていなきゃいけません。

喉が渇いたと思っても、知らせるとわりと気づいてくれますが、一生懸命知らせないと気づいてもらえないときもあります。

そういうときに自分で歩いていって、冷蔵庫をあけて、ガブガブ飲む弟のシュンヤを見ていると、「ああ、ああいうふうにやりたいな、便利だな」と思うんです。それは毎日の生活の中で、正直、何度も何度も思うことです。

お風呂も、ヘルパーさん、ゴシゴシ洗ってくれなくていいよ、今日はポチャッと入って、ポチャッと上がりたいよというときもあるのです。でも、ローテーションで必ず同じようにやられる。

これって何だろう、僕は本当にロボットみたいな扱いなんだと思って、腹が立つことも多々あるんです。僕の思いは関係ないんだねと思ったり、そういうのを一生懸命許しながら、寝る頃になると、「僕は一体どれぐらい許せば終わりがくるの？」と思うときもあるんです。腹が立って寝れないことも、正直、あります。

だけど、逆に、ありがたいのかなとも思います。

こうやって人にいろんなことをしてもらうことで、自分は見えない世界に没頭できるし、もしかしたら没頭させられているのかもしれない。

腹が立ってどうしようもないときは眠ると同時に宇宙根源の目の前まで行きます。

子どもの頃は下級層を通り中間層を通りとやっていましたが、時間短縮のため一気に根源までとんでいます。もしかしたら宇宙に行くことは逃げなんじゃないだろうかと思うときもあるけれど、腹が立って寝れないときは、朝方ぐらいに、ああ、もうダメだと思って、宇宙に行って宇宙で寝る。

宇宙根源から出るエネルギーはやさしい音を奏でています。それを聴き続けます。時にはやさしい女性が僕をなぐさめてくれる言葉を聞いたり、「こう考えれば問題は解決するよ」とアドバイスをくれたりするときもあります。

一度行くと自分が納得できるまで宇宙からはなれることができず、1日中眠ってしまうときもあります。そうすると、何となく大丈夫だという感じになれます。

自分でちゃんと対処して腹が立たない人間になるべきだという思いもありますし、宇宙もあるからいいじゃないかと思う部分もあるし、いまだにわからないんですね。これはまだ答えは出せていないです。

矢作　誰でも怒るのはしようがないんですよ。あとは、怒ったことを浄化というか解消する。並木良和さんなら「統合」と言うでしょうけれども、それを繰り返すということでいいように思うのです。そうすると、怒りの感情がだんだん起きにくくなるので。

神原　統合というのは、自分の気持ちを見つめることですか?

矢作　そういう感情を外に出して可視化する。外に出さないと見えないので。

それを自分で粉々に砕いて、天に浄化してもらう。もちろん、一瞬ですよ。あっ、きれいになった、それを思いきり吸って、「ありがとう」と言って終わり。

神原　僕が弟のシュンヤに言われたのは、自分の子どもの頭をポンポンとなでてあげるみたいに、腹が立った自分に「よしよし、腹が立ったね」と言いながら、いま自分が持っているエネルギーを分けてあげる。そして「バイバイ」と言って宇宙に上げる。

これはシュンヤのやり方らしいんですけど、ちゃんと宇宙に上がったか見送りなさいと。もしかしたら途中でとまって、戻ってきてしまうかもしれないから、そのときは「よしよし」が足りなかったと思って、もう一回やれと言われました。

矢作　私は「よしよし」でなくて、砕いてしまうんです。天ですから、それで間違いなくきれいになるので、一瞬にして感謝と切りかえてしまいます。

神原　僕も最後に、感謝を入れます（笑）。

僕の弟の頭のやわらかさ、もちろん、かたいところも、まだまだだなと思うところもあるんですけど、この発想が普通に出てくるというのはすごいと思っています。

いまは、弟は僕の相談役です。昔は母でした。母のときもあります。

弟は最後までつき合ってくれなくて「あとは自分で処理しろ」と、途中でポイとされる。「自分のことは自分で考える、自分の力で心を立てなおす。それが一番大事だ」とも言います。でも、母は最後まで、答えがわかったとなるところまでつき合ってくれます。

障がいがあっても、僕たちから発信していきます

神原　障害があることが、何となく自分の気持ちを重くするというのは、正直あります。「まったく大丈夫」みたいな感じではないです。仕事でもそうだし、どこかに遊びに行くのでも、お誘いが来たときに、じゃ、トイレはどうするとか、行き方はどうするの、電車に乗るの、車に乗るの、ほかのやり方はあるの、と先回りして考えてしまう。いまはボランティア的な存在がいるので、興味があればできるだけ行くようにしています。

矢作　準備ですね。

神原　必要なことですので、やはり厄介だなと思うんです。最近は、僕の体を僕が厄介と思うよりも、母のほうがよっぽど思っているだろうし、準備するのも母だし、そういう意味で支えられているのはわかります。

僕が自分の体をどうのこうの卑下《ひげ》するよりも、周りでいろいろ気を遣ってくれている

人のほうが多くの力が必要なのだから、感謝しようと思っています。

矢作　すばらしい学びですよ。

神原　それでもやってみたいとか、出かけたいという思いも日に日に強く、大変と思わざるをえませんね（笑）。

矢作　当人はそれは大変でしょうけどね。

神原　ここから僕はどう伸びていくのかな。どう自分を感じて生きていくのかな。

いま27歳になりましたけど、30歳とか35歳のときに、自分はこの体をどう思いながら生きているのかなというのはあって。ただ、これ以上苦しまないだろうなとは思っています。というか、苦しみようがないなと。さんざん苦しみましたから、もう苦しむ必要はない。

これから、自分の体をどうやって使うか、どう思いながら、どう感じながら生きていくのかなというのは、漠然と思います。

もちろん自分の体について悲しいとか苦しいと思う自分もいますが、自分にとって別の世界があり、それは宇宙という存在ですが、そこでの自分は自由を満喫していて豊かであるという思いもありますので、それを大事にしていきたい。それさえあれば、自分は大丈夫なんだと思っています。

あとは、最近、僕のような障がいがあっても、社会に出てきて発言したり、活動する人たちが出てきていますから、それも楽しみにしています。

矢作　多様性という意味では、とても大事なことですね。

神原　そうですね。大変だろうけど、ぜひ出たいと思う人は出てほしい。

僕も自分の考えを発信することは運命だったのかな。でもこうやって出てみたら、微々たる力だなと思いますけど、それでも発信していくことが大事なのかな。僕は、これは役目なんだという強い思いがあります、

5年ぐらい前、出てみたら世の中ってけっこう大変だな、何も考えず、何も感じずに、ただやりたいだけで出てきちゃダメなんだなという過去の反省はありますけれども、これからはそういう常識にとらわれずに、常識に負けずに、力のある人は出たほうがいいと思います。でないと、世の中は明るいほうへ変わっていかないと思うのです。

障がいがあっても、僕たちが変えていいと思うんですよ。

僕たちから発信していいと思うんです。

幸せは「自分でなるもの」

神原　矢作先生は、いまは退官して、執筆と講演活動をされていますが、どういう思いでされているのですか？

矢作　書きたいから書いている。話したいから話している。

神原　先生は、執筆も講演会もお好きですよね。

矢作　執筆のほうはいいんですけど、講演会はあまり得意ではなかったですね。

神原　先日、並木良和先生と一緒の講演のとき、矢作先生はすごく楽しそうなお顔をしていました。

矢作　やっぱりなれてくるんですよ。経験は重要な部分があります。私自身は不特定多数に話す習慣はあまりなくて、人が集まる場所はあまり得意ではありませんでした。

でもやっているうちに、話したいというよりは、もし自分の気持ちが人に多少なりとも受け入れられれば、より感謝して楽しく生きられる、楽に生きられる、安心して生きられるんじゃないのかという気持ちがどこかにあったんですね。

医療をやっていると、さまざまな人がさまざまな苦しみ、痛み、悩みを持って病院に来るわけですけど、根本的なところは、やっぱり自分自身の問題だと気づかないとどうにもならない。あくまでも対症的な部分だけでは限界があるので、古きよき日本人の感性と生き方に気づけばいいんじゃないかというのが最初の動機でした。

神原　僕も日本人のわび、さび的な感覚をもっと感じられるようになってくるといいなと思います。

矢作　五感ですね。

神原　それを使わないでいくと、日本人のよいところが……。

矢作　喜びとか感謝が減るでしょう。

神原　そうなんです。五感を使うと一つ一つに感動が生まれる。小さなことで大きな感動が生まれると生きてて良かったな~と思うんです。

矢作　だって、息ができるだけでうれしいと思えたら、いつでもうれしいじゃないですか。歩けるのが当たり前じゃないんだと思えば。

神原　僕からすると、歩ける人たちは本当に幸せだなと思います。

矢作　幸せですよ。我々だって病気になってしまうと歩けなくなるわけですから。けがをしても歩けません。だから、この状況が当たり前ではない、ありがたいんだというところが基本なんです。

神原　皆さんは多くの幸せを求めているようですが、幸せとはなんでしょう?

矢作　幸せというのは、「自分でなるもの」なんですね。人から与えられないこともないけれども、それを受ける側の気持ちがなければ、何をしたってムダです。それは医療のときにつくづく感じました。

少しでも「ありがたい」と思えるのと、「もっともっと」と言ってありがたみがないのとでは、天と地ほどの差があります。

神原　いままでは僕は、自分が上がっていきたいという気持ちがすごく強かったんです。それは自分をプラスに上げよう、精神性を上げていこう、成長していこうというエネルギーで、そうすることによって自分の夢がいっぱいかなうと思って、がんばらなきゃいけないと思っていたんです。

でもこの2~3日は、幸せと思えるのなら「上がる」ということを考える必要はないのかなと思い始めました。それよりも、それこそ先生が言っているように、日々幸せなんだと思えることが大事なんだと気づきました。

この間、母が寝るときに、「康弥、いま、何か幸せだよね」みたいなことをボソッと言って、「そうか。そうだよね」と思いました。何もしていないけど幸せと感じることは、上がっていることなんだと実感できたんです。

ということは、「上がる」ということを考えるよりも、「幸せ」ということを考えたほうが、より豊かなんだなと思いました。

矢作　上がるということは、いま、自分がこの場にいることに対して、どちらかに目が向いているわけですね。もちろん、下におりようとするよりは上がるほうがいいんですけど、いつも上がろうとするのではなく、「上がりながら、いまを感謝する」というのがいいのでは。

神原　上がる、上がるばかり考えていると、「あ、幸せ」を感じるゆとりがなくなるんだなと思いました。

矢作　目が外に向いてしまう。

神原　無意識レベルで、誰かと比べ始めてしまいます。たまには必要かもしれませんけど。

矢作　時々確認するくらいでいいですよ。富士山を登るような感じで、いつも下だけ見ていると、どんなペース配分とか、あるいはいますばらしいところにいてもわからないけど、時々上を見て、ずいぶん登ってきたなとか、なんてきれいな景色なんだろうと思いながら、あとはひたすら登るという感じなんじゃないですか。

神原　ひたすら登るというのは、いまの自分の感情を感じ取るということですね。

矢作　素直に。

神原　僕はちょっと上がったんだなと。

矢作　すばらしい。パチパチパチパチ。

神原　照れくさいです（笑）。

親子の距離感

神原　母と僕は小さいときからずっと二人で、狭いお部屋の中で幸せに暮らしていました。子どもですから、お母さんに愛されていればそれで十分幸せという感じだったと思います。

ただ、子どものときに母と仲よく幸せに暮らしていたから、大人になってもそういう状態であれば幸せなのかといったら、やっぱり成長とともに、興味や世界観が変わってきますね。そうしたときに、世界に意識が向いているんだけど行動できないというジレンマの中で、母との距離感は変わらず近いわけです。

この母との距離感がすごくネックなのかな、何だろうというところがあります。

もちろん、講演会をやったり、本を書いたりして、行動範囲は広がってきています。おかげさまで、やりたいと思ったことができるようになってきて、その幸せ感はあるんですけど、やはり母との距離感は近いものなんですね。

僕の場合は、母が僕の通訳をやっていますから、離れたら仕事になりませんし、社会とのコミュニケーションがとれなくなってしまいますので、「母と歩く」というのが絶対条件みたいになっているんです。

その中で、親と距離をとるというのはすごく難しい現実です。

親って何だろうと考えたりするし、離れたいけれども、離れる機会がない。これは僕たちの残念なところだなと。

矢作　それを残念と感じるのは感性だから、そうなんでしょうけど、みんながみんな、同じ親子関係ではないので。お母さんにはちょっと大変ですけど。

これは実はアメリカと日本の関係みたいなもので、アメリカは、日本の安全保障をバックアップしているわけですけど、日本から財政の保証をしてもらわない限り立ち行かないんです。

日本は、転んだときに、手を差し出すこともできないという呪縛に駆られていて、アメリカによって支えられているわけです。そういう意味では、どちらもひとり立ちしていないんですよ。とても特殊なことなんです。

それに対して、日本人の一部の人たちが、「もう一度、戦前のような意味での独立国になるべき」などと言っていますが、そんなものは無理です。だって、アメリカというジャイアンは、のび太君に言えばいくらでもお金をもらえるという依存状態になっているから、本人が気づかない限り無理です。

結局、彼らの精神的な自立が必要です。その道のりは、とても大変だと思うんです。

私は、その答えは「日本人の大調和の心」にあると思っています。

「日本人の大調和の心」がアメリカの人々にも理解できるぐらいに意識が上がったならば、変わっていくでしょうね。それまでは、無理でしょう。

神原　ということは、僕と母も二人で一人というか。

矢作　二人で百人分。

神原　だって。

神原英子《ひでこ》　あらー（笑）。

矢作　もちろん、ものすごく科学が進歩して、康弥さんが思っていることを自分の肉体でないもの、例えば外側の機械で実現できるようになれば別ですけど、そういうもの、すぐになりっこないので。

神原　探せば僕に合っているものがあるかもしれないと思うんです。

矢作　もちろん可能性の中にそれを入れておいたらいいと思うんですよ。ただ、意識の持ち方としては、それが完全にいまの関係を変えられるまでは、いまの形が百人力だと思います。

制限があっても人間の可能性を表現したい

神原　僕と母がやっていることは特別だとは言わないけれど、人間の可能性を表現していると思っているんです。

矢作　広げているわけですから。そして、それが多様性ですもの。
多くの人は、親が先に死んで、子どもがそのあとと信じ込んでいますけど、子どもと親が一緒に他界したっていいわけです。

神原　お互いにどちらかが先に死んでも、5年とか10年ぐらいは幸せに生きていけるだろうなとは思っているんです。

矢作　だから、あまりそういうことを考える必要はなくて、二人で百人分、百人力で「いまが一番」なんですね。

神原　僕と母は「二人で百人力」なんだと思いながら、講演会をやります（笑）。

矢作　そうです。そうしたら、感謝も100倍じゃないですか。「悲しみは半分、喜びは2倍」なんてケチなことを言わずに。

神原　自立しなきゃいけないのかと思っていました。

矢作　もちろん自立できる人は、自立の方向へ行けばいいけど、願えないこともあります。例えば、私がどんなに子どもを産んでみたいと思っても妊娠できませんし無理じゃないですか。そうしたときにできることは、発想を変えて、自分はこういう制限がある中で楽しめばいいと思うわけです。トランスジェンダーなんて考えません。

神原　じゃ、このままのやり方でいいね。母には迷惑をかけるかもしれないけど。

矢作　それも考える必要はないわけですよ。
感謝に切りかえてしまえばいいんです。

神原　ああ、面白い。自分を生かせばいいんだ。

矢作　そうです、もちろん。さきほどの話に戻りますが、お二人のあり方、お母さんと二人三脚。康弥さんのいま置かれた立場は、能力だけじゃなくて、一番厳しいあり方の中で得られるものだからこそ、説得力が普通の人よりも100倍も1000倍も強くなる。それは認識しておいたほうがいいと思います。

神原　はい、わかりました。あまり気づかなかったけど。

矢作　いつも気にする必要はないけど、康弥さんはそういう意味では説得力があるんだと思ってください。

神原　それは思ったほうがいいですか？

矢作　ちょっとだけでいいんです。それが広がると慢心につながるので、バランスだと思うんですよ。ただ、そういう気持ちがゼロだと、逆に元気が出なくなると思うので。

神原　仕事が忙しくなると、ちょっと元気が……。

矢作　結局、肉体は、光と影、陰と陽、すべてバランスですよ。そこのバランスのとり方を勉強するというのが、この肉体を持っている理由ですから。

神原　誰もが死ぬまで勉強ですね。

矢作　もちろんです。死ぬことも勉強ですよね。

死のプロセスは、結局、自分の心持ちでいかようにも変わってしまいます。地球時間にしたらわずかですけど。

あちらの世界に行くときも、それこそスリッパをバッと脱ぎ捨てて入っていくのと、頭を下げて入っていくのとでは、その後の落ち着きが変わります。

科学は人間の集合意識が規定している／無知の知

神原　たぶん僕は寿命が短いと思うので、この時代を見続けて、最後はよくなったなあというのを見届けることができるか、できないか、どうしたものでしょう？

矢作　大丈夫ですよ。

神原　次に託せばいいんだなと最近は思っています。

矢作　結果としてどうこうではなく、いまこの時間の中で自分がいいと思うことをやっていって、それで寿命を迎えれば十分だと思うんですね。

別に世の中が結果としてよくなったということを目標にする必要はない。

何でそう言うかというと、ストレスになってはいけないからです。

神原　そうですね。根を詰めて、時空を行ったり来たりして、現在と未来を一生懸命見ているんですが、僕の意識の中におさまる未来に終わりがないということに気づいて。

矢作　別に地上だけじゃなくて、あっちこっち出たり入ったりしながら、そういうところに近づいていけばいいんじゃないですか。

神原　宇宙も地球も本来美しい場所なのです。

時空を超えて別世界を見てみましたが、風景は地球が一番きれいですし、宇宙はエネルギーが一番高いのではないかと思います。

矢作　出たり入ったりして楽しんでください（笑）。

神原　わかりました。そういう楽しみ方をするしかないですね。例えば僕の魂がキャッチしている僕の未来はいくつもの分岐点から広がって、死を越えても枝分かれしているのです。僕という存在はいつまで続くのだろうと思います。

矢作　逆に、3次元的なイメージでの時間軸の表現からいくと、終わりがないんですよ。

神原　ある本には、地球が崩壊してしまうとか、そういう情報が出ていたりします。だから、本当にそうなのかと思って、あっちこっち見に行ったんですけど、終わりはないです。

矢作　何でないかというと、「ガイアの意識は残る」ということなんです。だから、もちろんその実体も、目で見たときには同じようにも見える。あるいは、本当は違っているようにも見える。そういう意味で残ると考えたら、というか感じたらいいんじゃないですか。

いまの科学はとても未熟なので、いまの科学者が言うことを真に受けると、ときには間違ってしまう。だから、人が幸せに生きる一つのコツは、「無知の知を理解すること」です。

神原　それは深い。

矢作　この世界の科学も含めて、誰もが自分の知っていることは、それこそ「砂浜の1粒の砂みたいなもの」だとわきまえていれば、そういう感じはしないと思うんです。

もっとはっきり言えば、科学は人間の集合意識が規定しているのです。

そういうことがわからないと、いまあるものが絶対のように錯覚して、とんでもないほうに行ってしまう。

私も一般書を出させていただくようになってから、世間の反応を見ていると「無知の知」をわきまえない人が少なくないのに驚きました。そういう人は、「自分が正しい」と信じきっているようですね。

神原　でも、そういう方が多いですね。

矢作　それが人間を閉じ込めてしまう。私たちは本当は何も知らない。「無知の知」を言いたいですね。

「自分は宇宙の中の一片の光にすぎない」

神原　空海さんもそういうことを言っていました。

矢作　空海さんの意識は、実はいろいろなところに投射されていると思いますよ。例えば空海さんが言ったことの一つに、室戸岬の岩窟で修行しているときに、光が自分の体に入ってきて、不屈の精神と無尽蔵の体力を感じたんですって。それはいまに通じるじゃないですか。

神原　空海さんは、「自分は宇宙の中の一片の光にすぎない」ということも言っています。それを聞いて、「えっ、そうなの、でも、空海さんはいろんなことをたくさん成し遂げた人だよね」と思ったんですけど、それでも空海さんにとっては、自分は小さい存在だと。

矢作　より広く意識が拡大できる人ほど、自分の個としての有限性を理解できるんじゃないですか。

神原　人間は無限の可能性もありつつ、一つの形、個なんだと思っています。

その理解がすごく難しいところですが、いろいろなマイナス意識を外すことによって、直感を身につけるところから世の中の流れまでわかるようになります。それだけではなく、宇宙の存在まで感じ取れると自分の可能性が無限に広がっていきます。

一方、個のことを考えると、自分はちっぽけだという理念に共感します。体を持ってしまって、体が重いという状態になってしまうと、にっちもさっちもいかない。何もできない。

矢作　何もできないのも楽しめばいいし、みんなと意識が交流して、何かができるのも楽しい。

人を魂で見る

神原　そうですね。最近やっとそういうことなんだなとわかるようになりました。いま、講座をやっていて、生徒さん一人ひとりの特性を見てみると、すごく嬉しいんです。きのうから新しい生徒さんたちを迎え入れましたが、キラッキラッの大きな魂で来るのに、「私はこれができない、これに失敗しちゃった」というちっぽけなことで悩むんです。だから「あなたは悩みたいのね」と言ったんです。

矢作　悩むのが楽しいんでしょう。

神原　「悩むことで私は人間だ」ということを実感したいのねと思ったんです。でも、すごくきれいなエネルギーを持っているのに、「普通の人間です」と思い込んで来る人はちょっと残念です。

矢作　本当はあまり悩む必要もなくて、それこそ「いま、水を飲んでおいしい。空を見てきれい」でいいんじゃないですか。

神原　こういう人たちは、「悩みたかったのね」と言うとポンと外してくれるので、すごく面白いです。

矢作　そこが、いわゆる勘どころがいいんでしょうね。

神原　「適応障害なんです」と言って悩んでいらっしゃった方もいます。こういう人は、さすがに霊性が高い。いろいろなことに悩んだり、周りを一生懸命見てきたり、それでも自分が違うんだなと思う苦しみを味わったり。

「違っていいんですよ。違うのは当たり前なんです」とお伝えしました。

生徒さんとの出会いでたくさんの魂を見てきました。個々の魂の違いを目の当たりにするのはすごく勉強になります。人間としてボディを見てしまうと、意見したくなるときもあるけれど、魂で見ると、なんてきれいなんだろうと思えるので、とても楽しいことです。

ボディを見てしまうとわからないことが、魂を見るとすごくよくわかるのです。

皆さんは見える部分だけ見てものごとを判断してしまうので、誤差が生じてしまうんですね。すべてにおいてエネルギー的に見える部分20％、見えないエネルギー部分80％でものやことはできているのです。

その「見えないものの部分」をできるだけ感じ取って判断してほしいですね。

そうすると間違いが少なくなります。

第3章

集合意識はどこへ向かうのか

——2020年の宇宙会議

宇宙の3つの層――上級層、中間層、下級層

神原　最近は宇宙もにぎやかです。多種多様でもまれるフェーズ（段階）になってきたということです。

宇宙は地球から見て、下級層、中間層、上級層の3層に分かれています。

下級層の魂たちは、100年とか200年ずっと眠っている人たちもいれば、1か月もしないうちに上級層に上がってしまう人もいます。最近の下級層はにぎやかです。

矢作　光が少しずつ見えるようになったんだと思うんですよ。

神原　そうじゃなきゃいけないと思います。早い浄化の人もいれば、ずっと眠り込んでいる人もいる。

矢作　地球と一緒ですね。

神原　はい、地球と一緒だと思っています。皆さんは宇宙ってすごいところで、すごい

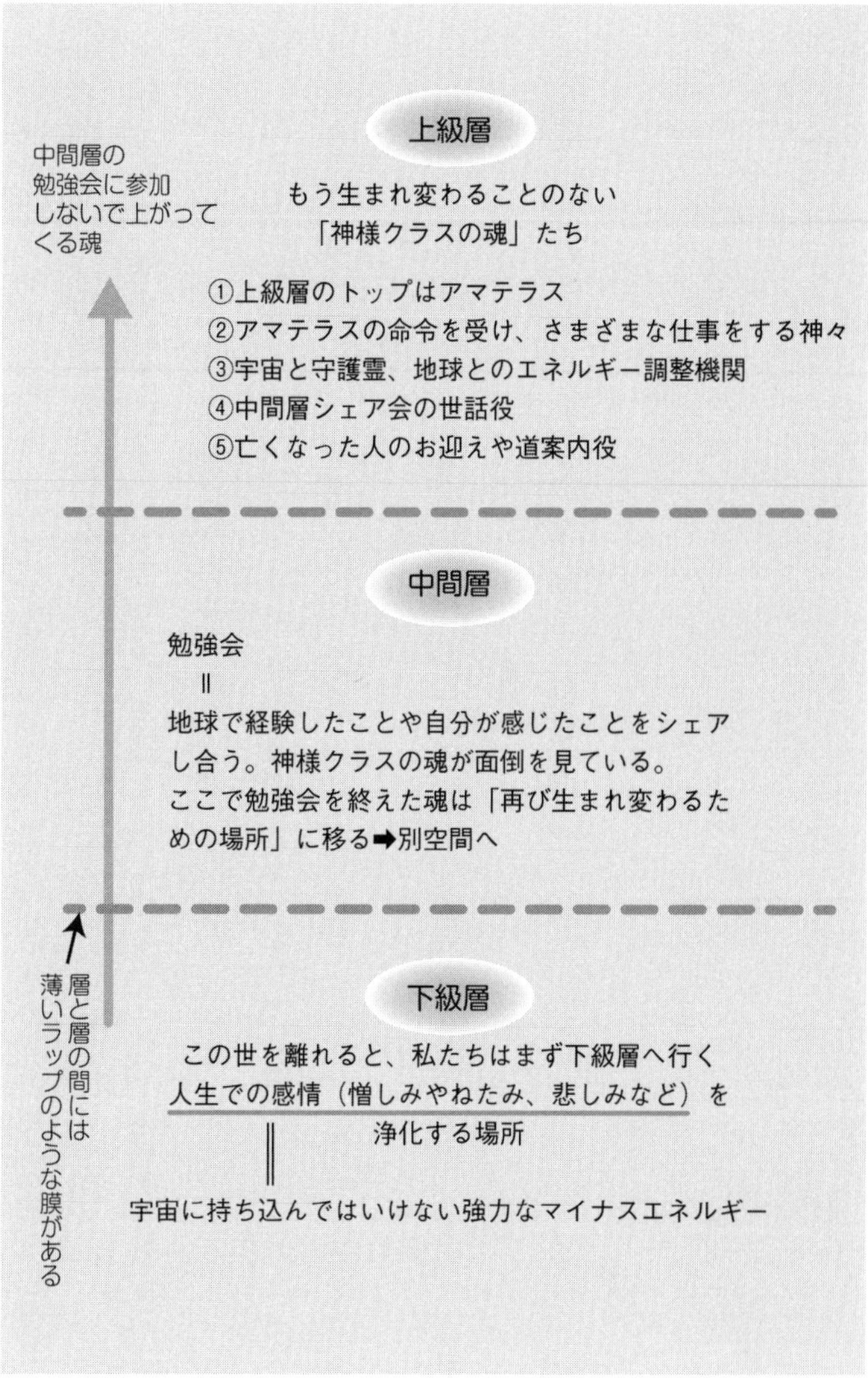
上級層
中間層の
勉強会に参加
しないで上がって
くる魂
もう生まれ変わることのない
「神様クラスの魂」たち
①上級層のトップはアマテラス
②アマテラスの命令を受け、さまざまな仕事をする神々
③宇宙と守護霊、地球とのエネルギー調整機関
④中間層シェア会の世話役
⑤亡くなった人のお迎えや道案内役
中間層
勉強会
＝
地球で経験したことや自分が感じたことをシェアし合う。神様クラスの魂が面倒を見ている。
ここで勉強会を終えた魂は「再び生まれ変わるための場所」に移る➡別空間へ
層と層の間には薄いラップのような膜がある
下級層
この世を離れると、私たちはまず下級層へ行く
人生での感情（憎しみやねたみ、悲しみなど）を
浄化する場所
＝
宇宙に持ち込んではいけない強力なマイナスエネルギー

ことが起きているんじゃないかと思われているかもしれないけど、そうでもないです。地球の皆さんとほぼ同じ。似ています。

矢作先生は、講演などで「いつも同じ波動のところに帰る」という表現をされています。「同じ波動」の中でも多様性があるということですか?

矢作　似たもの同士で多様性はありません。もちろん自分が意識を動かせばいろいろなところが見えるけれども、基本的には、「居心地のよい状態」と言ったほうがいいかもしれない。

意識の制限を外して、上とつながる

神原　僕の講座ではリーディングの仕方と、光エネルギーヒーリングという気功を教えています。これからの時代を生きぬくためには感じること、天とつながって自分の力を知ることが大切だと考えてもいます。それは人間の一人ひとりの可能性を知ってもらうためにとてもよいと思っているからです。

　生徒さんに、「人間が幽体離脱することは可能ですか?」と聞かれました。

矢作　当然ありますよね。ただ、幽体離脱ができるかできないかということと、幽体離脱のありがたみを別に考えたほうがいいですね。

神原　それを伝えるのに悩むところです。

矢作　肉体の特質を知ると、ありがたみがわかりますよね。例えば、日本の中にいて、日本のよさ、悪さを感じるのと、離れてみるとまったく違って見える。

　それと一緒で、肉体の中に入っていると、五感も使わないし、ありがたみも感じない。肉体は不自由で、頭は悪いし、目は前しか見えないので全体の半分しか見えない。

　このほか、思い癖やらいろいろあるわけですが、逆に、そういう中でしか学べないものがある。例えば、食欲とか睡眠欲、性欲などは逆にそれを楽しめばいいわけです。あちらに行ったらなくなっちゃいますから。

神原　幽体離脱の仕方を、連続講座で試しに教えてみたんですよ。だけど、できそうな人がいなくて。僕は当たり前にやっていることですが、ほかの人には難しいのでしょうか？

矢作　難しいと思いますよ。どうしてかというと、本気で魂と肉体の分別を潜在意識のレベルまで認識していないからだと思います。

私自身は、ヒーリングのときでも外れます。体脱まではいかないけど、ゆるむので、自分でしながら、自分の肉体の感覚がなくなってしまいます。

神原　その感覚はありますね。

矢作　そういうことによって、肉体に関する認識を新たにすることと、自分自身への感謝も感じるわけですね。こんなに不自由な肉体の中で、いま、学ばせてもらっているんだという感謝の思いがわいてきます。

体を離れてしまえばわかることですが、いまの地球人は皆さん障がい者のようなものです。体を離れたときの頭の働きぐあいとか、物の見え方の能力はすごいですからね。

神原　幽体離脱の方法を教えてほしいと言われるんですが、いまの状態だとできないよねと思っています。

矢作　それもやってみたからわかったことですね。

神原　「人間にそんなことができるわけがない」という思い込みが外れないと、ちょっと難しいですね。

矢作　普通に考えたら難しいですよね。もちろん、中には偶然できちゃう人もいますが。学んでみようという意味においては前向きでいいですが、その条件として、ご自身の意識の制限やブロックがないという点が大事ですし、向き合ったほうがいいでしょうね。

神原　幽体離脱を一生懸命やるよりも、身近な気づきで幸せになれますから、そちらを優先したほうが良いと感じます。

矢作　それもやってみたからわかったことですね。我々は、残念ながら、どんな場合でもトライ・アンド・エラーが必ず要《い》るので。

神原　人間は体得しないとなかなか難しいことがわかりました。

矢作　それが脳みその悪さなんです。すごく鈍いですからね。

　それを私は自分の体を離れたときの感覚で得ました。頭の悪さを、いい意味で、みんなもう少し気づいたほうがいいです。

神原　頭のいい状態というのは？

矢作　やっぱり魂が肉体からゆるんで、それこそ上とつながることですね。そうすれば、答えがすぐに来ます。

神原　僕も、上とつながるのは絶対に大事だと思っています。中には、それは人間わざじゃないよと思っている人もいるかもしれませんが、いや、「つながっているのが本来の人間ですよ」と僕は思っています。

ただ、いまのスピリチュアルな情報だと、宇宙にばかり意識がいってしまって自分のエネルギーを高めることに意識がいってません。宇宙とつながるためには、自分のエネルギーを高める、霊性を高めることが先決だと思います。

縄文人の霊性を取り戻す

矢作　いまの時代、もう一つ重要なことは縄文を知ることです。

縄文人たちが何をしたか。磐座《いわくら》や土器から彼らのすごさ、すばらしさを普通の感性で理解することですね。

本当は我々にもその血が入っているので、我々にもそういうことができるんだと思えることも大切です。

神原　縄文人は一人ひとりが神とつながり、その言葉にしたがって自分を理解し生きていたのですね。

矢作　そうですね。そうしたら、最初から争いが起きませんから。

いま、地球がどんどん進化している中で、いままでの我々の学び、プラス、縄文人の霊性をもう一度取り戻すことによって、人類の大調和の方向が加速するのだと思います。

縄文時代に日本人のエネルギーが高かったわけ

神原　第1章でも述べましたが、僕は、上級層の魂を神様と呼んでいます。

そこも仕事別に5階級に分かれています（93ページ参照）。一番下は多くの神様がいて死者を迎えに行き、昇華するためにエネルギーを与えサポートする役です。次の階級は中間層の勉強会の面倒をみる先生役、次の階級は人間の主護霊や地球が危機のときにエネルギーを降ろすサポート役、そして主導者であるアマテラスの命令によって情報収集する役、この役は数がかなり少なくなります。そしてトップにアマテラスがいます。

アマテラスは日本人ですが、イエス・キリスト、レオナルド・ダ・ヴィンチ、ガンジーなどよりも上で宇宙のトップとなっています。

その時代の日本は世界の中でも一番霊性の高い国だったとうかがえます。

そしてアマテラスは、この宇宙だけの存在ではなくて、銀河の中の大事な存在でもあります。アマテラスが宇宙人たちと交信して、いま、宇宙と地球はこういう状態ですよとテレポートして、情報交換しています。それぐらい縄文時代はエネルギーが高かったのです。

矢作　地上がその高いエネルギーからだんだん離れていってしまったのです。

神原　そうですね。時代の流れによって、変化してしまいました。

現代のエネルギーは低くなってはいるけれども、それでも日本人はそういう質を持っていますよ。

矢作　それが、いまこの時代なんですね。

神原　何でそんなに日本人のエネルギーが高かったのかといえば、わび、さびの感覚を持っているからです。感じる力が高いのですね。だから日本人は霊性が高いと思っています。日本人はそういう人種なのです。そのＤＮＡは受け継がれています。

しかし、それも少しずつ廃れてきていますから、日本人が本来持っているわび、さびの感性を磨いていくと、自然と霊性が上がっていきます。そうすることで、縄文の頃にどんどん近づいて天とつながることができると思っています。

自然災害の捉え方――２０２０年の宇宙会議において

神原　僕は、宇宙で開かれている会議、宇宙会議に毎年1回、1月1日に参加していますが、今年、２０２０年の正月は2日間にわたって参加しました。話し合う必要性がある議題が膨大だったということだと思います。ふつつか者ですが、2日間、会議に参加して勉強させてもらいました。

大きな議題は、自然災害に対して私たちはどういうふうに防御していくかというものでした。現実的な問題、道路や防波堤を整備しましょうという話から、心構えまで、いままでより詳しく、いろいろな方向性で話し合われました。

僕としては、どこまで防御しても、自然は人間よりもエネルギーが強いですから、防ぎようがありませんと思いますけど、国民の命を守るというのは大事なことですから。

災害に対して、精神的にどう捉えるか。いまの人たちはかなりネガティブな要素、怖いとか、恐ろしいとか、そういう感覚がたくさんありますから、それを浄化させるのも大切ではないかなと思っています。

水が怖いから子どもたちに川遊びをさせないとか、プールも怖いという人たちがいて、そういうネガティブなところを改善しましょう、子どもたちに自然に触れて遊んでもらって、その中でちゃんと自然の怖さを学んでもらおうという話も出ました。

なぜここまで細かい話がされるのかというと、やはり平成から令和に変わったということで、しっかりやっていきましょうという意識が強くなったと思います。時代が変わることによって、いろんなことが変化しますから、会議を行う側もその変化にちゃんと気づきましょうという意味で、細かな点まで話し合っているんだなと思いました。

自然は「しようがない」ではなくて「いいこと」と捉えていかないといけない。変わることはいいことという意識でいましょう。マイナスなことがあっても、私たちは、これはいいことなんだと捉えましょうという再確認がされました。

時代は流れていきますから、どうしたって変化します。同じことがずっと永遠に続くことはあり得ませんから、その中でいろんなプラス的な出来事やマイナス的な出来事が起きるのは当然です。

ですから一見、悪いことも起きます。でも、将来的にはここを目指していますから、これでいいんですという確認事項が多かったです。これから、災害的なものもふえていくでしょう。災害だけではなくて、ちょっとしたミスの人災もあり得ます。

これは「自然の強さと共存する」と、「人間は完璧ではない」ということを伝えたいのだと思います。

新しい人種――2020年の宇宙会議において

神原　これから「新しい人種」が生まれてくるという議題もありました。「新しい人種」というものに対して、社会がどう受け入れていくかというのが課題なんです。

そこで話し合われたのは、適応障害とか何とか障害という人たちに対して、新しい人種という言い方をしていますけど、「本当に新しい人種なんですか、新しい人種と思い込んでいませんか」という疑問が出てきました。

そういう人たちは過去にもたくさんいたし、必要性があるから生まれてくる。それに対して差別的な言葉になっていませんかという話でした。

僕にはいろいろなハンディキャップがあります。そのハンディキャップはこの世で考えると大変なことではあるけれど、エネルギー的に考えたら、自分はそんなに悪いエネルギーでもないなと思っているので、特別とも思っていません。

「康弥君、どうですか？」と聞かれましたが、「じゃ、僕は新しい人種なの？」とも思うし、「周りの人と同じです」と言うのもちょっと違うし、「個々は個々でいいんじゃないですか」と答えました。

本当はみんな個々は個々でいいと思って生まれてきているはずで、それに対して日本社会がスポットを当てていなかっただけのことではないでしょうか。

みんな個々の魂を持って生まれてきているのですが、だんだんと、「私は私」ということを忘れてしまっているから、「自分を思い出そうというメッセージを持った人たち」が生まれてきているのだと思っています。

そしてこの現象は宇宙の中の計り事でもあります。東日本大震災後、宇宙の上級層の魂が3～5分割して新しい生命として生まれることが頻発しました。

上級層の魂は自分を活かす方法を知り、悟った魂、いわゆる神様級の魂ですから、生まれたときからすでに神様のような赤ちゃんです。

自分の使命を強くインプットされた存在で、社会を明るくてらす役目を持っています。そのような子どもに障がいを持って生まれてくる場合が多分にあるのです。

集合意識が地球に合っていない状態

――矢作先生も宇宙会議に参加されているそうですね。

矢作　私は参加しているのではなくて、それを聞いている立場です。

宇宙会議という形ではなくて、その結果としてのエネルギーを感じているのです。

神原　それはほぼ参加です（笑）。

矢作　霊知という言い方をしていて、霊視、霊聴ではなくて、イメージというか霊知で受け取っています。

宇宙会議は決して離れたものではなくて、我々がいままさに感性を研ぎ澄ませば感じる地球の変化と、当然人間の集合意識が追いつかないために起こるさまざまなことが、ここのところ、ひどくなってきていますねということを話し合っています。

どうしてそうなってしまったかというと、集合意識が地球に合っていないからです。

だから、答えは簡単で、地球と、地球を周りから見てくれている集合意識体も含めて、感謝すればいいんです。それだけで十分です。

あとはプロテクション、物理的に自分を守る、周りを守ることは、ちゃんとやっておいたほうがいいと思うんですね。ただ、それには限りがあるので、こうすべきなどということは考える必要はなくて、ある程度やったら、あとはお任せでいいんですよ。

神原　先生、近い将来、日本の安全はどうなりますか？

矢作　一番近いところで言うと、南海トラフのエネルギーはたぶん発散するでしょう。ただ、それもみんなの気持ち一つでいかようにも変わると思います。でも、大きなエネルギーみたいですね。

メディアとか一部の人が言っているような、関東に大きな地震は起きないと思います。

神原　そうですね。僕も2019年あたりから、ないなと思い始めています。

矢作　起きないと思うことが重要なんです。もっと言うと、「ありがとう」だけでいいんです。それをみんなが本気で思えたら、場のエネルギーは調節できるものなので、少しずつ発散して小さくなります。

みんなはそこが弱くて、「起きたらどうしよう」なんです。「起きたら」という中に、自分が住まわせてもらっているところへの信頼と感謝がないんです。
私はそのエネルギーを強く感じます。
でも、私が一つだけ言えることは、極論すれば、東京都民約1400万人が思う不安の集合は関係なくて、私が大丈夫だと思って、場のエネルギーを調整できるエネルギーだけを信じています。
神原　南海トラフのエネルギーを動かすことは……。
矢作　それはわかりません。自分の持ち場を考えているからです。
残念ながら、何かが起きなかったら、人は気づかないんですよ。だから、距離をおいて、悪いけど、ごめんなさいねという感じはあるんです。
神原　その地方に住んでいる人が、がんばればいいんでしょう?
矢作　もちろん。がんばってね。
神原　誰かが活躍してくれればいいですね。
矢作　私は、恐れとか不安はまったく無意味だと思っています。

そんなことを考える暇があったら、感謝すればいいんです。

食糧は輸入でなく地産地消――２０２０年の宇宙会議において

神原　宇宙会議は、今回は本当に情報量が多かったです。１日やって、これで終わりだと思ったら、次の日も呼ばれてしまいました。

食糧の話もありました。日本は自給率が低くて、海外からの輸入がすごく多いのですが、それを少しやめましょうと。

矢作　地産地消へ。

神原　日本でできることは、日本でやりましょうというお話でした。

矢作　もう一つは、あまり言いたくはないのですが、「日本から見たらすべて闇」なんですよ。食糧だって闇を拾うよりは、やっぱり光のほうがいいです。

神原　そうなると、モノがなくなるとか、特定の商品が手に入らなくなるかもしれませんが、じきに日本の農業が活発になり、問題も解決します。

矢作　極論すれば、アメリカの肉なんか食べなくてもいいわけです。

神原　同感です。

矢作　言葉は悪いけれど、安かろう悪かろうと、アメリカの農産物を無理やり消費させようとする圧力でやってきた部分があります。しかしどんな圧力があっても、私たちが食べなければいいわけですから、間違いなくそういう方向になっていくでしょう。

神原　いま日本は、海外からの輸入が多く、食品が余っているらしいです。

矢作　もう一つは、海外からの食糧品は、はっきり言えばアメリカがメインだったわけですけど、そのために日本でわざとつくらせていなかったんですよ。大切な米と大豆についてみると、米こそ自給率100%ですが、大豆はわずかに7%です。

いったいどちらを向いているのか。いままで日本ではない方向を向いてやってきていた。ただ、それも決して善悪とか、ムダかムダでないかではなくて、そういう「学びのフェーズ」だったわけですね。だからこれからは、ちょっと違うよね、何か気持ち悪いよね、というところから、いい方向に行けばいい。
外国産の食品が安いといっても、食べる量を半分にすればいいだけです。値段が2倍も違うわけではないんだから。
神原　日本人は、日本人の体型よりも多く食べています。
矢作　思い込みですね。
神原　たくさん食べないと満足できない人が多くなりました。でも、「食べないと満足できない」というその意識を変えるといいですね。
「少し食べれば満足」と決意すればいいのです。
矢作　エネルギーなのでトータルなんですね。あとは、感謝して味わって食べると、エネルギー効率が大分変わると思います。
私は山に行くときに、食べる量は運動量の割に少ないんです。少な過ぎると、熱産生が下がってぐあいが悪いということは確認しましたが、運動量から普通に考えると、圧倒的に少ないのを何日も続けます。山にいるときは、雪を解かして、オートミールです。それが乾燥した粒で一番軽いので。意識の持ち方でエネルギー効率が変わるようです。

私の場合は大自然の中にいるとうれしい。その気持ちが大きいんです。

神原　政治家や経済界の人たちは、一番最後に変わります。

矢作　我々の闇の部分のあらわれなので、当然最後です。

神原　まずは、私たち国民の意識が変わっていきます。

他国にたよらず自分の国のものを大事にしようという考えに動いていると思います。

私たちの闇を見せつけられています

神原　安倍首相は苦労しているみたいですね。

矢作　それぞれの利害関係が違うものが、呉越同舟で一つの器に乗っていると、面倒くさいですね。しかも、自民党の外側に、アメリカ政府というジャイアン君がいる。

もっと言えば、アメリカ政府も一枚岩でなくて、大統領と内閣と国務省と国防総省とそれぞれ別ですから。

神原　それぞれが違うことを言い合う。

矢作　最終的には、どの人が一番勇気があるか。

神原　勇気がある人はいないと思うなあ。

矢作　もちろん日本にはいないですよ。だから、この状態なのです。

いまの政治の姿はある意味では、我々の闇を見せつけられているような部分がありま す。権力はその集合の中でのあらわれとすると、我々がより光のほうに向かない限りは、闇が際立つ。だって、人間は弱いですもの。

神原　ということは、我々がもっと光であるべきですね。

矢作　政府の選ばれた人たちに、何でこんな人たちがという人しかいないのは、「我々の闇」だからです。

神原　国を動かしている政府は、最後の最後に光になるということですか。

矢作　ある意味で、そうですね。そのとおりです。

神原　まずは、我々が光であることを認識し、光であり続ける努力が必要ですね。

矢作　人のせいにするのではなくて、やっぱり自分なんですね。我々がしっかりしていたら、あんなことにはなりません。

国益という言い方もあるのかもしれませんが、本来は国民が光の方向に向かうことができるよう手伝いをするはずなのに、平気で反対の方向に行っている。

神原　国益を考えることはとても大事だと思います。ただ、国益に対してマイナスのイメージを持っている人もいるのかなと思います。

矢作　そこが世界基準ではないんですね。世界の中で生きていくというのは、我々の独善だけでは生きていけません。

もっとはっきり言えば、日本的でない、「力は正義」というのが世界のスタンダードなので、それに合わせていかざるを得ない部分を心得ておかないといけない。

「我々の闇」と言ったのは、政治家はマネートラップやハニートラップにほぼ引っかかってしまっていて平気で道理を曲げるわけです。

それは我々が自分の闇を映し鏡で見ているわけですね。

神原　僕は、今年、２０２０年は日本がプラスの方向に行くのかマイナスに行くのかの瀬戸際と思っていて、今年、２０２０年を、どう過ごしていくかがとても大事なことになると思います。

これは個々の問題でもあるし、個々の問題は国の問題でもあるということを意識しておいてほしいですね。

矢作　そうですね。

トランプ大統領とプーチン大統領

矢作　結局、闇の人は闇の印象、光の人は光なんですね。
神原　一緒と思いませんよ。闇の人がずっと闇かといったら、時によっては光に急に変わるかもしれません。
矢作　それがまさにプーチンです。
神原　そういう面白いことも起きます。
矢作　プーチンは、進み過ぎるグローバリズムの流れに棹《さお》差しているということです。

それはロシアだけという意味だけではなくて、光のエネルギーを感じながら、そちらへ舵を切っているように見えます。文書があるとか、どこかのニュースソースから言っていることではなくて、もっと大きく見たときに、当然感じることです。

トランプさんは最初から光のほうで動いています。

アメリカ国民のいままで闇にまみれた人たち、あるいは闇を望んでいた人たちとは違う、光を見ようとしている人たちのエネルギーを受けて動いています。

逆に言うと、それをわからないと、全体の動きが見えないと思います。

神原　いまの常識の中で、圧倒的な光の人がポンと出ると、それは悪い人のように思えるということですね。

僕はトランプさんがテレビに出るようになって、この人は光の人だから大統領になると思っていました。

矢作　メディアなどによって、悪く見えるように見せられているんです。

ちょっと言いにくいのですが、多くの人は目が見えていない状態です。耳も聞こえない。本当のことが目の前にあっても見えていないわけだから、新聞、テレビ、マスコミのメディアのウソに簡単に影響を受けてしまう。

では、どうやってメディアがウソかウソでないかわかるかというと、「エネルギーの質」です。そういうものは理屈を超えて、すぐ感じるはずです。

神原　そういう人たちは見えないんだ。

矢作　見えないでしょうね。だって、踊らされていますから。

それに、理解しようとすることがないんです。例えば、そこら辺にＵＦＯは飛んでいるのに、ないと思えば見えませんからね。あるいは、ないと思っていてちゃんと見えたときに、「あっ、いままで見たことない物が見えた」と思える人は、もしかしてこれがＵＦＯなのかと思えるでしょう。だけど、多くの人はまず見えないし、たまに空を見上げてみたとしても、認識の中に入ってこないんですね。

そういうことを私は子どものときから学習しました。

本来は誰にでも備わっているものだということです。そしてそれに気づくことが大切です。そのために、五感を使いましょう、見えるでしょう、聞こえるでしょう、感じるでしょうという話をしたいと思います。

負のエネルギーを外に出す

矢作　康弥さん、きょう、顔色がいいですね。

神原　きのうは、ちゃんとご飯を食べました（笑）。

きのうの夜とけさは、寝る前に数を数えました。数を数えながら自分のマイナスエネルギーとさよならをする。浄化作業ですね。

自分の心で数を数えても数えている実感がないので、母に声を出してもらいました。そうしたら、けさ、母に「康弥の声ってあんなに低いの？」と言われて（笑）。そういうのをやって、ちょっと面白かったです。

障がい者で声を出せない人はいっぱいいると思うんですよ。でも、声を出したいという欲求はあるんです。

矢作　でしょうね。

神原　子どもの頃に、泣きたかったけど声が出せない。これが苦しい。

矢作　感情を出し切らないとね。

神原　表に出すことはとても大事なことだと思います。ストレスを感じている人は、言いたいことを言えない状態になっているのだと思います。

矢作　内向といいますか、内にエネルギーを向けてしまうといろいろ起こるみたいですね。

神原　負のエネルギーを自分に向けてしまうと、厄介なことが起きます。病気のようなものにもなります。

マイナスではあっても、人に迷惑がかからない程度に外に出すことは大事です。正直であることは自分に誠実であることですから、遠慮はいらないと思います。

矢作　それを並木良和さんは「統合」という言い方をしているし、スターチルドレンのダイヤ君という小さい子どもさんは「闇出し」という表現をしていました。

私は特に気のきいたネーミングは思いつきませんけど、自分の感情はさまざまなものが生じるので、それを生じないようにするのではなく、「生じたら浄化していく」というプロセスさえ繰り返していけばいいと思っています。
そうしたら、たぶん病気にはならないと思うんです。
感情の内向というのは危ないですね。声を出せないということであれば、イメージでやってしまってもいい。

神原　そうなんです。きのうは自分の持っている負のエネルギーを、数を数えて出すというのをやって、80ぐらいまで数えたら全部出ました。

矢作　そうやって、一人ひとり、自分に合った方法を見つけていくということでいいと思うんですよ。

神原　この出し方は面白いですね。数を数えながら負のエネルギーを出しているというイメージをする。新しい発見で、今後は浄化に時間をかける時代ではなく、瞬時にマイナス感情を感じるひまがないように消すことが大事だと思います。

遠い未来ではなく、いま

神原　未来については、矢作先生、何かありますか？

矢作　遠い未来の話はしないほうがいいと思うんです。未来が変わってしまうから。方向性だけで十分だと思います。

――康弥さんの『願いはゆっくりゆっくり叶えられるんだよ』（徳間書店）で、「僕は次に金星に行く」とありましたね。矢作先生はどうですか？

矢作　考えていません。私は、実は未来を語らないことにしているんです。

意識をあまり飛ばさないほうがいいというのが、いまの自分が感じていることなんです。

興味としていろいろあると思いますが、「いまに意識がある」ことがとても大事だと思います。

山に散歩に行くことがまさにそれです。遠い将来の目的を持つわけでなく、いまここにいる。特に雪山は命の危険もあるし、寒いですから、動かないとしようがない。雪という千変万化するものの上に乗るので。

自然ですから、いままで雪崩が起きないところでも起きるでしょうし。日本海側の豪雪地帯の山を一人で行って必ず帰ってこられるといえる人はいません。なぜなら、それはときとして、とんでもない積雪量になるからです。人間が雪かきできる量は決まっているので、それを超えて短期間に降っちゃうと、逃げられなくなるのです。

あと、雪はたまると必ず崩れる。それが雪崩ですけれども、坂がある以上、絶対に雪崩が出ない場所はないのです。自然が千変万化すれば、こんなところでというところでも雪崩が起きちゃう。そうなったときは、人間は逃げるしか手の打ちようがないんですね。ところが、雪がある程度より多いと逃げられなくなる。

日本の山は、実は世界で最も積雪が多いので、そういう意味では難しいのです。

高度障害を起こさないという意味では、日本の山は低いけれども、無事に生きて帰ってくるという意味では難しいですね。もちろん、そういう極端な山は、日本海側の本当に限られた山ですけれども、危険にならないように、無理をしない中でやっていくしかないように思います。自然はこちらの想像を超えてしまうので。

私は外国の高山には興味がありません。なぜ行かないかというと、自分一人で行けないからです。本当の意味で一人で登った人なんて、当然ですけど、一人もいないはずです。荷物がたくさん要るから。ポーターの力を借りたり、動物の力を借りているんですね。ああいうことに興味がない。

極端に高いところに登りたいわけではなくて、登っているプロセスを楽しんでいるだけです。

エベレストなどは、物を運ぶのに、人間だけでなく動物を使います。ヤクが多いみたいです。ロバのときもある。もちろん、現地の人の産業になっているという意味で、お互いさまなんですが、それが好きかどうかということです。

現地の人も仕事とはいえ、時々は死んじゃうわけですもの。自分の趣味をするのに、人様の命をかけるのもどうかと思うので、私は全く興味ないです。

体が動くことに感謝する

矢作　いままで医療は、医者を生み出してきた大学を初めとしたアカデミズムが引っ張っていると皆さん錯覚していました。だけど、本当の意味で健やかにするということにおいては、民間から変わっていくことでしょう。それは明確に見えます。

極論すると、いまの有様《ありよう》の医者のかなりは要らなくなるでしょう。もちろんけがや急性期の病気などには役立ちますが。

神原　医療から代替医療への流れになっていきますか?

矢作　もっと直接的に言ったほうがいいですね。「病気にならない」ことにすればいいんです。つまり、病気のことを考えなければ病気じゃない。

神原　病気に関心がなくなるんですね。

矢作　そういうことです。

神原　いま、市役所から、検査の案内通知がいろいろ来ます。その心理はよくわかりませんね。

矢作　役人の根本的な特質でもありますが、根源に向かわずに、モグラたたきをしようとするから、検査に力を入れるわけですよ。

例えば、２０１２年認知症高齢者は65歳以上の７人に１人（４６２万人）でしたが、厚労省の推計では２０２５年には５人に１人と言われています。そういう役人的な発想では物事は解決しません。

神原　意識の問題ですね。

矢作　だから、健康の話をするのもほどほどにと私はいつも言っています。

健康の話をするときには、自分の体に感謝してください。

いま、自分の体が動いている、手が動いていることに感謝する。

この延長ですべてを見れば、余計なことを考えないじゃないですか。

まさか可能性を一から十まで考えて生きていたってしようがない。多くの人は、自分が外に出て、屋根瓦が突然落ちてきて、それに当たって自分が死ぬかもしれないとは思わない。そこに何かアンバランスがあるような気がするんです。

神原　意識が大事ということですね。いつも何を感じているのか。

矢作　体への感謝です。

神原　障がい者が体に対して感謝するってすごく大変（笑）。

矢作　いま、生きているじゃないですか。

神原　生きていますね。あと、母に出会えたことはすごく感謝しています。母の存在があるから、僕は何とか仕事をできています。

矢作　だから、先ほど言ったように、お二人合わせて百人力なんです。

神原　ありがとうございます。そうだと思いましょう。感謝ですね。

矢作　結局、そこなんですよ。体が動くということがどれほどすばらしいことかを感じたなら、考え方が全く変わると思うんですね。

　ひょっとしたら1分後には心臓がとまっているかもしれないわけです。

神原　体がほんのちょっとでも動くこと、ご飯が食べられること、おしっこが出ることに感謝する。

矢作　そうです。だって、それができない人もいるわけですからね。

そう考えたら、何も腹が立つこともないじゃないですか。

神原　そうですね（笑）。

矢作　私の母親はあまり口数の多い人ではありませんでしたが、あるとき、私がたんすをあけたら、自分のへその緒が出てきたんです。

母は「それはあなたのへその緒よ」と言いました。そして、「取り上げてくれた先生が、あなたが生まれてきたときにあなたの手を見て、『お母さん、この子は働き者になりますよ』と言ってくれた。それがすごくうれしかった」と言ったのです。

実際はそうならなかったけど（笑）、それを思ったときに、いま、自分の肉体があるということ、この親がいて、こうしていまがあるということを、その一言から強く受けました。

そこに深い喜びがあります。

だから、文句なんか言っちゃいけないんですよ。

そういう感覚は、親が知らず知らずに教えてくれると思うんですね。

第4章

縄文時代から現代まで

——日本人がたどってきたエネルギーの道

神人一如の境地にあった縄文人の精神性

矢作　縄文のご先祖様は霊性が高くて、神人一如《しんじんいちにょ》の境地にありました。これからは、そういう部分を少しでも思い出していく時代になっていくでしょう。けれども、歴史学や考古学、社会学というアプローチだと、まだパズルのピースが少ないので、実態や真相とはかなり違う捉え方になっています。

いつまでたっても縄文の本当の意味での実相、意義がまだまだ広まらないというところがありますので、そういう手段をとる人たちとは別のアプローチで発信していこうと思っています。

神原　縄文時代については、僕は、すごく発展した時代だったと感じています。

ただ、アメリカ大陸や中国大陸から違う人種の人たちが入ってきたのはどういうことなのか。せっかく日本というしいDNAが、なぜ混血という流れになったのか、一見不思議なところもあります。

私たち日本人には霊性が高いというすばらしいDNAもありましたが、一方で、ちょっと困るなというDNAもありました。

それは、体が小柄でやや弱いという特性です。これから起きる混乱の時代に対応するために、血が途絶えてしまうようなことが起きてはいけないという天の意識のもとに、中国やアメリカからの、神経が図太くて体の丈夫なDNAが必要だったということで、自然と混血の道をたどったのだと思います。

そうなったからこそ、私たちの魂も体（ボディ）もいままで受け継がれてきました。ボディという部分はとても大事なところだと思っています。

縄文の私たちのDNAは、無意識レベルで天とつながることができていました。その精神性はもちろんいまにもつながっていますけれど、とても大事な精神性だと思います。この点はしっかりと次の世代に橋渡ししないといけないと思っています。

矢作　それはまさに神人一如というか上の意識とつながっていたので、個々人が自分の役割がわかって、ちょうど体の細胞のように、一人ひとりが誰に命令されるわけでもなく、役割分担をしていたという意味での調和の世界でした。

いわゆる大調和です。

もう一つは、縄文人というよりは、縄文人に意識というか知恵を伝えている上の世界の采配でもあるわけです。インディアンとかインカ、アステカ、マヤの人たちもそうですが、霊性だけだと、どうしても「力は正義」の人たちにやられてしまうのです。

だから、そういう部分をバランスよく残すという意味もあったように感じます。

いまのところ、霊性を持って、しかも「力は正義」的な野蛮人とは言いませんけど、そういう人たちと伍《ご》してやってきているのは日本だけです。

例えばヨーロッパの端っこに追い詰められてしまったケルト人も、力にあらがえませんでしたが、縄文人は賢かった。一つは何でもできてしまうということに飽きた部分もあるわけですけど、大陸の野蛮人を受け入れることで、より自分が強くなる。そして、やがて来るべきときに備える。

縄文人のみんながみんな、それを意識したかどうかはわかりませんが、あくまでも「力は正義」だけの進化は永遠に続きません。それが徐々に終わろうとしているまさにいま、縄文の意識がまた必要になってくるわけです。

神原　縄文の意識をできるだけいまの生活スタイルに合わせて伝えていかなければと思います。時代の流れで、生き方も変わってきていますし、物質も氾濫していますので、その中で上手に取り入れていくことが大事だと思います。

矢作　縄文の前半3分の1ぐらいは、レムリアがまだあった頃ですが、レムリアの人たちからもさまざまな高等な知識、あるいは知恵を学んでいます。

レムリアの遺跡も、それこそ沖縄やハワイで一部見つかっていますが、そういう、知識や知恵という形で縄文人に伝え、あるいは縄文人とまざるという意味での影響が実はあるということも、言っておきたい気もするんです。

神原　どういうものですか?

矢作　縄文の前は、いまの社会科学、考古学ですと旧石器時代になってしまいます。旧石器時代は、いまのところ、まださまざまなものが出てきていませんが、目に見える、あるいは残るような形ではなく伝えていた。

例えば科学とか、考え方とか、意識の持ち方、「中今《なかいま》」状態になって高次元とつながるとか、そういうことも含めて、いまの方法では見つからないけれども、これからきっと出てくるんじゃないかなという感じがします。

神原 そういう昔の情報は、必要なときに出てきますね。

矢作 神代文字と一緒なんですよ。神代文字もいったんは葬《ほうむ》られましたが、必要なものだから、江戸時代以降、見つかってきている。

神原 私たちが受け取れる精神性にならないと出てこないということですね。

矢作 そうです。実を言うと、科学もみんな一緒です。

神原 そういう意味で、科学が発達しているというのは、人間の精神性が進化しているということだと思います。

ただ、一部の人には理解できるけれど、一部の人には理解できないというのはとてももったいない話なので、必要な情報は満遍なく行き渡るといいなと思っています。

情報をどう発信するか――。

矢作 それは「発信の仕方」の問題ではなくて、私は、「受け手の問題」だと思っています。

神原　そうなんですよね。そこがとても残念なところです。

それを感じるのは僕自身、母の通訳で言葉を発していて、このやり方を説明してもすぐ納得できる人と、何度説明しても理解できない人とがいます。僕はそのことは何とも思いませんが、人によって理解力には幅があります。これは人間力のちがいなのでしょう。

矢作　しようがないんです。

自分が太陽になればいい

神原　世の中は、しようがないなと思うことがいっぱいありますね。

矢作　それは地球みたいな、さまざまな意識体がカオスになって学ぶという一つの特質で、その特質としては、「均一でない」ということがあるわけです。

本当は仕切りでもあって、みんな、あるレベルで意識がそろえばいいんですけど、逆に、そうでないところで学ぶことも多々あると思うのです。バカバカしさとか、ストレスとかね。

神原　ストレスも学びですか？

矢作　はい。ストレスをうまく「ストレスでなくする」という意味での学びですね。

神原　僕もいろいろなことを発信して、皆さんの様子を見ていますけど、なかなか伝わりづらいようです。それでいいということですか？

矢作　いいも悪いも、しようがないんですよ。私が皆さんによくお伝えしている、テーブルクロス理論です。

テーブルクロスの四隅を持って全体を一生懸命上げるのではなく、つまみ上げたところにいる人に話せばいい。

神原　この間、テーブルクロス理論を教えていただいて、何もしなくていいということがわかりました。

矢作　そうです。自分に集中すればいいので。イソップ童話の『北風と太陽』の例えはとてもすばらしいというか、よく使えます。

結果として、自分が太陽になれれば最高です。

別に人に何をするというわけでもなく、エネルギーを伝えられればいい。

神原　実は僕は、人に「何かしてあげなきゃいけない人」なのかと思っていました。

矢作　良心的な人が陥《おちい》りがちな「北風理論」です。

例えば自分のいいと思うこと、正しいと思うことを人にも伝えたい、伝えてあげようというのは、動機は善意だと思いますが、それはなかなかうまくいかないということです。

神原　何となくわかってきました。確かに、だんだん苦しくなりますからね。

矢作　だから、やっぱり太陽でいいんです。

神原　個々が、「自分は太陽でいい」と認めることが大事ということですね。

矢作　それを縄文の人たちは、後に「中今」という言葉になる意識の持ち方、つまり、この瞬間に意識を合わせて、そこに没頭するという生き方で実践してきたわけですね。

神原　そうじゃないと生きていけなかった時代でもあると思うんです。

現在は物質があふれていて、心を惑わせるものがいっぱいありますね。そうすると、いまここを生きるということが難しくなってくる。

矢作　そういう学びですね。

神原　縄文時代はそういう時代で、すごく美しい時代だったと思います。

神々から離れていった弥生時代

神原　弥生時代にいきましょう。

矢作　弥生時代には誤解があります。弥生というのは、縄文人に対して大陸の人が取ってかわったと信じている人が、学者の中でもいっぱいいるようです。でも、そうではありません。遺伝子的にもそうではありませんが、混血して霊性がガクンと落ちてマッチョになったという捉え方でいいと思うんです。

それと同時に、もう一つ重要なことは、縄文人の霊性がガクンと落ちたということは、当然神々からだんだん離れていってしまうというフェーズでもあるんです。

だから、6世紀には神事ができたという話をあとでしますけれども、自分の中でいつも霊聴霊視でやっていたと思いますが、神々から離れていって、そういう感覚がなくなってしまったから、「形を必要とした」ということもあるんです。

神原　特別な人を選んで、その人を神様にして拝み始める。

矢作　精神もそうでしょうし、神事という「形を通して神とつながる」という、面倒くさいことをするようになった。それが歴史学者がいう弥生時代ですが、私どもは、神武天皇が大調和を目指して立ってから、飛鳥だの、奈良だの、平安だのという都を中心にした時代名をつけるまでの間は、全部大調和をあらわす意味で「大和時代」でいいと思っているのです。

神原　天の意志でその時代を統括していたものを、現代人が分離させたということですね。日本人の精神性の変化がウイットに富《と》んでいたと思っています。

矢作　そうも言えるかな（笑）。

神原　明るく言えば、そういうことです。

が。

物質が華美になり、霊性を取り戻し始めた平安時代初期

神原　僕は、現代は、平安時代の初期あたりにちょっと似ているのかなと思っています

矢作　時間の流れでいうと、平安初期とちょうど逆に進んでいく感じがしますね。物質的なものがある程度あって、そういうものに浸っているところから、霊性を取り戻す局面。

仏教が6世紀ぐらいに入ってきて、その後、物質的なものがだんだん華美《かび》になっていきます。平安というのは、それが芸術とか文化一般として興隆していった時代なので、それを逆向きに見ると、似ている部分がけっこうあるかもしれませんね。

神原　物質的なものがたくさん出始めてくると、人間の喜びが物質に向いていく。けれど、貧富の差があって、食べるものがなくて、飢え死にする人間も出てくるという時代

がちょうど平安時代初期。

平安の前は、食べるものがなくて死ぬということは、ほぼなかったと思うんです。自分たちで狩りをしたり、自分たちで採集することで、ちゃんと生きていくことができていた。食べられないという現実が生まれ始めたのは、平安時代の前半ぐらいからかと思っています。

また、人間の雑念とか我欲みたいなものが病気を生み始めるとか、そういうことが出始めるのが平安の時期かなと思っています。

矢作　天皇が神事を形として行うようになったいまからちょうど1500年ぐらい前、6世紀ぐらいからそういう傾向があるように思います。
その頃は、まつりごとの一つである政治を、天皇親政から大伴《おおとも》とか物部《もののべ》、蘇我《そが》に代行してもらうようになった頃で、天皇ほど民のためにモノを考える人たちでない人たちが担《にな》うようになって、貧富の差を含めたさまざまなものが出てきて世の中がきしみ始めました。だから、始まりとして見ると、西暦500年代の終わりぐらいからかなという感じはしています。

神原　その頃から、人間らしさが少しずつ奪われてきているると僕は思っているんです。

矢作　それも、ある意味では、人間の進化のためのプロセスなんですね。

つまり、すべてを天皇がやってしまえば、為政者《いせいしゃ》たちが天皇の気持ちを理解すれば、もうちょっとましだったはずなんです。

だけど、なかなかそうはならないというところが現実です。

例えば、それより約１０００年前のお釈迦様の時代もそうです。お釈迦様にはお弟子さんがたくさんいましたが、結局、誰ひとりとしてお釈迦様の後を継げなかった。それでだんだん仏教というものの形ができて、いわば「まがいもの」になっていったわけです。

つまり、一番かなめになる人の気持ちが扇のそれぞれの骨に全部伝わっていけばいいのですが、その役割を担う人は、残念ながら、扇のかなめほどの容量のない人たちなので、そういうところで変質したり、詰まってしまうのでしょうね。

文化が発達した平安時代に、病気が生まれ始めました

神原　僕は、平安という時代が好きです。文化がすごく発達した時代ですが、我欲が強烈に出始めて、病気が生まれ始めました。

別の言い方をすると、すごく人間味があると思って見ているんです。

縄文時代の崇高な意識も面白いですが、人間らしさ――バカバカしいところや善と悪がいい感じに出ているところなどはとても好きなんです。

だから平安時代にはよく観察しに行っています。

人間は、崇高な部分もありつつ、感情に振り回されるところがあっていいと僕は思っているんです。逆に、そういうのが人間らしい。ちょっとしたことで腹を立てて怒ってしまうとか、つい人にお節介しちゃうとか、そういう部分を人間は持っていていいと思っているんです。

時折、ふっと崇高な部分に戻っていけば、それでいいんじゃないかなと思います。戻り方をわきまえていれば戻れるので、そういうことを現代人が理解したり、大事にしてもらえると、縄文の頃の人たちと同じような生き方ができるのではないかと思っています。だからそういう意味では、人間は面白いなと思って見ています。僕も人間なんですけど。

一人ひとりの人間を理解するよりは、社会の中でどんな感情、どんな意識を持っている人が多いのか、どちらに変化していくのかを観察したり、見たりするのが好きです。

矢作 全体ということですね。

神原 全体を見るのが好きです。どの流れに行くかを見たり、こっちの流れに行ってほしいなと思ったり、提案すること。これも僕の仕事の一つかとも思っていて、そういうことを日々やっています。

矢作 とってもいいですね。

神原 ありがとうございます。自分がこういう社会になってほしいなとか、こういう人たちがふえてほしいなと考えたり、思ったりすることはすごく大事で、それがやがて現実になると思っています。だから、母ともよくそういう話をします。

また、自分もこういう人間になりたいなということをしっかり映像化しておくことを、日々しています。

神武天皇の意識にあった大調和の心

矢作　ちなみに、神武天皇は肉体が強くてすごく長生きだったんですよ。
神武天皇のエネルギーが高かったということがわかります。

神原　どれぐらいですか。

矢作　九州の地ならしだけでン百年かけていたと思います。

「東征」というのは成敗ではありません。制圧するというのは気持ちになくて、当人の心の中にあった意識は大調和です。

だから、後に広められたような『古事記』や『日本書紀』では神武天皇の心意気という大事なことが抜けていますo神武天皇は成敗などということはしていないのです。

神原　僕が思っているのは、最初の頃の天皇に争いはなかった。

矢作　もちろんです。

神原　『古事記』の中には、争いがいっぱい載っていますけれども、そうじゃないぞと思っています。

矢作　だから、九州での地ならしに時間をかけたんですよ。

そのあとは無理をせず、少しずつ自分たちの子孫に継いでいってもらったんです。

神原　僕もそう思います。『古事記』はちょっと違うなと。

矢作　歴史は、そのときそのときの事情で変えられてしまいます。

特に『古事記』に至っては、できたのが8世紀ですからね。

神原　「争いがあった」としたほうが格好いいのかなと思っています。

矢作　白村江の戦い（663年）で唐に敗れてから、ネジを巻き直さないといけない部分があったんじゃないですか。やっぱり人間的になってしまったんだと思うんですよ。

神原　もう、その時代からですか。人間の心理が読めますね。

影があるから、光はより光る

矢作　大伴《おおとも》氏、その後、物部、蘇我、藤原と続くまつりごとをした人たちの、いかにも人間的と言えばいいけれども、エゴあるいは闇というものは、実にうまいバランスで近代まで来たなと思っています。

武家は、平安時代の終わりに平家、その後、鎌倉幕府をつくった清和源氏、その後、源氏を乗っ取った北条（これは桓武平氏で平家と一緒）、その後の足利《あしかが》も清和源氏、つまり、みんな天皇の遠い子孫であるにもかかわらず、天皇の気持ちを理解しない人が大勢いた。

これも、ある意味、とても人間的というか皮肉というか、どうしても光から離れて闇になってしまう根本的なものを感じますね。だから、どれひとつとして長続きしていません。いいところ、たかだか３００年で終わってしまう。

神原　それは、ある意味、日本を強固な国にするために必要なものであって、短い間、お役目を果たしてもらった。そういうことがあったからこそ天皇は今日《こんにち》まで続いてきたんですね。

矢作　必然なんですよ。つまり、光と影というのは、「影があるから、光がより光る」んですね。周りがみんないい人で、天皇の気持ちを正しく伝えていたら、いわゆる「麦踏み効果」の逆で、タラッとしちゃって、あまり進歩しないということを、光と影の関係で感じてもらえればいいかなと思います。

神原　いい意味で、天皇家という血が鍛えられ、続いてきたということですね。

矢作　それを皮肉で「麦踏み」と言っているんです。

神原　うまいぐあいにできているものなんですね。

矢作　すべて必然なんです。

神原　ということは、現代で問題が起きても、心配することはなくて、日本が続く光であるということに変わりはない。

矢作　皮肉な言い方をすると、日本がなくなってしまったら人類は終わってしまいます。

神原　大きな光がなくなりますからね。

矢作　日本からしか大調和という光は出ていきません。そういうことに気づかない人が不安をあおって、日本が危ないとか……。

神原　言ってもらって結構なんですよ。

矢作　私の本当の意味でのメッセージは、結局、「どっちでもいい」なんです。

神原　不安をあおるようなことを言葉にしてお仕事をなさっている人もいらっしゃいます。僕もそういう人を見て、大人がこんなことをしていいのかと思って、じゃ、僕も発信すると決めたんです。

矢作　バッチリ効果があったじゃないですか（笑）。

神原　おかげさまで原動力になりました。

ただ、そういう不安や恐怖をあおる記事を見て、自分が不安になったり、ぶれたりする人にとっては、「お試し」です。

自分の気持ちはこれで不安になるのか、これでぶれるのかがわかるように、そういう記事は「お試し」で世に出されているんです。

矢作　そういうものは、結局、自分の外なんですね。だから、外に意識が行かないようにするというか、自分の内に入れば、内から全部わかるので。

そこの仕組みの理解があれば、周りに振り回されることはなくなることでしょう。

神原　自分の内に入ると自信がつきます。自信がついてくると、ニセモノの記事が、「これは違う」と直感的にわかるようになります。

矢作　そもそも、出てくるエネルギーが違いますから。

神原　これはウソとわかりますから、結局は、何があっても自分はどう思うのかを確認する。ぶればぶれるほど、マイナス的なものを何回も見せられます。

ぶれなくなると、ほぼ来ません。僕は最近来なくなりました。

矢作　そうやって、影に鍛えられてよかったですね。

神原　はい（笑）。世の中は全部、勉強の材料ですね。

矢作　そうですね。あとは好き好きで、闇のお好きな人は闇を。

神原　闇が好きな人は、いくら言っても闇です。ほうっておきましょう。

争うことに夢中になっていた鎌倉時代

矢作　個人的に言うと、鎌倉幕府を始めた源頼朝《みなもとのよりとも》には、ちょっと暗いエネルギーを感じるんですね。だから、源の幕府はすぐ滅んでしまった。頼朝自身は、基本的には清和源氏の末裔ですが。

神原　鎌倉時代は、ちょっと微妙です。いろんなことが起きて、いろんな人間関係が複雑に絡み合っています。人のためとか国のためではなくて、ねたみ、そねみのレベルで戦っています。

矢作　最初の武士の政権が、天皇の末裔にもかかわらず逆に動いたというのは、どうかなと思っています。

神原　天皇家という意識が薄いですね。

矢作　あまりないですね。だからこそ、大御心《おおみこころ》という気持ちもない。そこは強調しておきたいです。

神原　天皇家は、代々継げる人が継ぐものなんですね。長男が亡くなってしまったら、次男が継げばいいし、次男が亡くなったら、三男が継げばいいのです。そういう意識で天皇は継がれていくべきものなんですね。

それを自分の我欲で、「自分が継ぐはずだったのに、クソッ」みたいな感じで戦いを始めるというのは、天皇家の血筋の人間がやるべきことではなかったと思います。そこがちょっと浅はかでした。

矢作　あの時代、平家の勢力があまりにも肥大し、苦しむ人々が多かったのです。それで世の中を変える必要があったのだと思います。天に使われたのかもしれません。

神原　平家の後を継いだ源氏もイマイチで、北条に取ってかわられてしまった。

矢作　鎌倉時代は148年と短かったし、難しいなと思いました。

神原　短いということは、やっぱり無理があるということなんですね。

いまだに平家派とか源氏派とか語り継がれています。

どうしてこんなに語り継がれるのでしょうか？

矢作　エネルギーとして感じる人がいるからでしょう。

もう一つは、血筋的に子孫がものすごく多いというのはありますね。

ただ、源氏の場合、清和天皇から分かれた源氏はそこそこだけど、数としては地方にもいっぱいいます。

源氏自身は56代の清和さんのあと、59代の宇多天皇から分かれた宇多源氏もいるし、62代の村上天皇から分かれた村上源氏もけっこういますし、源氏という名前でくくった場合は、日本全国にその子孫がたくさんいるんです。平家ももっともっといます。それがいまの日本人の中に息づいているんじゃないでしょうか。

神原　なるほど、そういうことなのですね。

矢作　名字を見ると、源平藤橘というくらいで、源氏、平氏、藤原、橘の末裔はすごい数だと言われています。

日本人には、天皇の末裔という意味で血がつながっている人はたくさんいます。

それこそ珍しいものでもないぐらいいっぱいいるので、それが息づく部分であると思うんですね。本人が知らなくてもそうだと思うんですよ。

神原　全国の子孫が、どちらかの派に分かれているということですね。

矢作　そうは言いながらも、源氏と平氏が手打ちにしているわけです。だから、本当はどっちでもいいんです。

神原　『源氏物語』とか『平家物語』はすごく面白いと思います。

矢作　象徴的ではあるけれども、結局、関東で言えば、清和源氏が政権をとっていたころ、平氏は部下としてたくさん入っていたわけですし、源平が対立していた時期はあったけれども、その後は手を結んでいます。

神原　人間模様は複雑で、このエネルギーは興味深いですね。

矢作　いい意味で、大陸の血が影響しているんじゃないですか。

神原　日本人っぽくない動きですね。権力やお金にとらわれて争うことに夢中になっていた時代だと思うのですが、僕にはなんの魅力もない人間ばかりに思います。

いつからこのエネルギーが……。

矢作　正確に言うと、縄文の人たちが大陸の人たちを入れたのは、だいたい3000年～2300年前ぐらいの間と言われています。

その間にだんだんとそういうふうに変わっていったと理解したらいいと思います。だから、２３００年前には、日本人は、いまと似たような性質に変わったと思うんです。もちろん、その後も混血を繰り返しているので、まだまだ日本人は変わっていきます。北海道は７～８世紀にオホーツク人といわれる人たちが樺太《からふと》のほうから来て、さらに変わっていっています。

いまの「アイヌ」は言葉として無意味で、「縄文人の血が濃い人」というだけなんです。地域的な話ではなくて、沖縄にだってそういう人たちはいるわけです。

我々は、基本は一緒ですから、縄文人プラスアルファなんです。

だから、そうやって対立構造に持っていって、中を混乱させるというグローバリストたちの思惑に乗らないような理性が必要です。対立するようなものではなくて、たまたま縄文から見た血の濃さの程度の差だけでしかない。

みんな混血という意味では一緒なんですよ。１００％純粋な縄文人なんていないので。

神原　その混血が始まってから、自分たちの国を守ろうとか、我が家を守ろうとか、そういうのが芽生え始めたということですか。

矢作　そうです。それまでは、ほかからの侵略がありませんでしたから。
神原　縄文は自分たちを守ろう、この村を守ろうという意識がないんですね。
矢作　縄文は、一つの体みたいなものだったわけですから、みんな勝手に自律的に生きていたけど、そこにばい菌が入ってきたようなものです。
　いま我々は、ばい菌と一緒に住んでいるようなものですよ。肉体の中にばい菌を飼っている状態。
神原　そういう意味では面白いですね。ばい菌を飼いながら自分の体を守って、自分の精神性を上げようということですね。
矢作　無菌状態から。
神原　無菌は飽きるんですよ。
矢作　実際、飽きちゃったんですって。
神原　僕も。毎日同じことをやっていると飽きる。
矢作　縄文人はそれを2万年近くやってきたので。

室町時代と後醍醐天皇

矢作　康弥さんには、足利尊氏《たかうじ》という男が始めた室町時代はどう見えていますか？

神原　室町時代は、戦《いくさ》もたくさんあり、武士たちが活躍した時代で、国民の意識をつくったのも武士たちなんだなと思っています。

僕は、この時代はあまり好きではなくて、「人間の我欲にまみれていた時代」ですね。農民に目が向いていない。この人たちは本当に厳しい時代を生きてきたなと思います。農民が低い身分になったことが納得できないのです。

本来、農民が国を支えていたので、本当は下ではなくて上のほうなんだと思うけど、支えている人間を牛耳《ぎゅうじ》る制度をつくったところに浅はかさを感じます。

「とうとう人間はここまで落ちたのか」というのが、はっきり出ている時代だと思います。

矢作　出だしが後醍醐《ごだいご》天皇との対立から始まっていますから。

神原　後醍醐天皇は一見、強いように見えますけど、本来はとても優しくて、苦労なさった方で、人に対してもすごく愛情を持っている方です。まあ、ご苦労なさった方ですね。さぞ無念だったんじゃないかと僕は思います。

矢作　世間の評価が逆なんですよ。「暗愚だから武士たちが足利についた」ということにしているけど、そうではないと見えます。

神原　僕もそう思います。僕は去年、京都に行き始めた頃に後醍醐天皇とつながってメッセージをくれるようになり、よくお話しします。

本当にわび、さびがわかる方、人に対してとても思いやりもありますし、また、自分が苦しい時代を生きてきて、やり残したことがいっぱいあるということも理解していますし、時代があまりいいほうに向いていないこともわかりつつ亡くなっていますので、残してきた子孫は大丈夫なんだろうかという思いも持っていらっしゃいます。すごく優しい方です。

矢作　足利尊氏が我が強くて、天皇の意に沿わなかったというところがあるように見えます。

神原　足利のような人間が続いてしまったことは、すごく残念です。

矢作　特に3代の義満。

神原　彼らは自分たちのやりたい放題でしたし、天皇たちは窮地に立たされて、長い間、苦悩の日々を過ごしてきたという時代だと思います。つらい時代だったのではないでしょうか。

ただ、そのときの天皇側の苦しみがいまに反映されていて、そういう人たちがいま現在もエネルギーを降ろしてくれて、天皇家を守っているというのははっきりわかります。

いまの日本の幸せ、いまの天皇のあり方も、後醍醐天皇、後村上天皇、長慶《ちょうけい》天皇のお三方がエネルギーをすごく降ろしてくれていて、これから天皇の新しいあり方が進化していくと思いますけれども、それを見守って照らしています。

矢作　その3名は、ある意味、幕府に対して非常に厳しい姿勢を貫いたんです。

足利には、そういう意味での義はないと私は感じています。だから、妥協せずに、とても突っ張っていらっしゃったんです。

神原　すばらしいエネルギーです。きれいです。

矢作　その後の99代の後亀山天皇は穏やかで、言葉は悪いけれど、南北の妥協に使われてしまったように見えます。

神原　ご先祖ってありがたいものですね。いまもってエネルギーが降りてきますから。

矢作　それが集合としての天皇霊というものでもあるわけですね。

神原　集合として降ろしてくれています。国民一人ひとりが幸せであるよう心から願っているのですね。

矢作　そういうのを感じられなかったら、たぶんわからないと思うんです。

神原　天皇霊以外にも、同じような意識の人たちが集合してエネルギーを降ろしてくれるのです。国を大事にという意識の強い人たちが集まって、地球にエネルギーを降ろしてくれているので、これが集合意識なのかなと思います。

そうすると、1人でやるよりも、3人とか10人で集まれば、エネルギーのパワーが強いですから、すごいことです。

矢作　本当にそうですね。

神原　歴代天皇は126代、総数124人ですが、それぞれ光の色合いは微妙に違えど、すべてのお方が国民を思い、エネルギーを降ろしてくださっています。

誰一人として自分のことばかりを考え、エゴに走っている方はいらっしゃいません。

江戸時代からエネルギーの多様化が始まりました

神原　江戸時代から明治に変わる頃の混乱の中、人のエネルギーも随分と多様化が始まったと思うんですね。そして、不調和が表面化したと思います。

時代についていけない人たちが出てきたり、または最先端をどんどん取り入れて進化しようとする人たちのさまざまなエネルギーが出始めている時代でもあると思います。

英雄と思える人たちも出てきたり、国を支えようとする人たちも出てきたりという時代で、すごく面白いと思います。

江戸時代が265年と長かったので、江戸時代というものをぶっ壊したいという人の意識が強いことで、そういうことが表面化してきたと思います。

自国だけではなくて、海外のエネルギーを取り入れよう、物質や文化を取り入れたいという欲求から、大変化が起きた時代だと思います。

もちろんマイナス的な面もたくさんあります。戦争のような悲しいこともたくさんありましたけど、日本という国の進化を求めるエネルギーだったと思います。そういう意味では、すごく興味深い時代です。

その頃の、日本と海外のまじった文化も結構好きです。特に西洋化された建物を見ると、すごくすてきだなと思います。それこそ瓦屋根の家が普通だったものが、西洋的なものに変わってくる。人間の多様性、柔軟性はすごくすてきだなと思って見ています。

文化の中の一つとして、庶民的なもので、ポスターや雑誌類が出始めます。

矢作　浮世絵とかかわら版とか、版画がもとになっているんですね。

神原　ごく庶民的なものですね。そういうものが発展してきた。とても好きです。

矢作　本人たちが気づいているかどうかは別にして、私はそこに、高次元の意識が強く投射されているように感じます。

そういう時代の大きな変わり目を手助けしてくれているように思うんですね。

神原　光がさしたということですね。

矢作　経済的なこと、政治的なこと、歴史的なことだけじゃなくて、私はそこに高次元とのやりとりの強弱があると感じますね。

特に維新のときの非常に速い変化は、やっぱり人知を超えた部分があると思います。ああいうのは、当人たちが気づかないけれども、さまざまなひらめきという形で。

神原　天の意識が入ってのことだと思います。

矢作　それを高次元の意識のオーバーシャドウというんでしょうけど、そういうものが強く感じられますね。

神原　変化することは天意でもあったんですね。

矢作　そういうものを感じるのは理屈じゃないわけです。そういう感性にみんなだんだん気づくようになると思いますよ。

頭のかたい人というか視野の狭い人は、どうしてそういう人が生まれたかというとき、理屈で考えようとするのです。だけど、理屈を超えた部分がどうしてもある。

江戸時代の下級武士といえど、人間として非常にすぐれていたとか、幕末維新で死地をくぐり抜けたとか、そういうのはもちろんあるんですけど、プラスアルファが実はとても大きいんです。

「天の時、地の利、人の和」――それは世界を動かしている人々の物心両面の指導だけでなく、そういうものを受け取れる度量を上からのエネルギーが与えてくれたのですね。

多様性の中で個々人の役割を楽しんでいた江戸時代に、縄文的なものを感じます

矢作　江戸時代に対するネガティブな評価が根強くあります。

厳しい身分制があって、人間の価値を身分制の中に押し込めていたという、いわゆる自虐史観の人たちの主張です。江戸時代といっても、２６０年余りありますので、本当は一言で言えない部分があるんです。

自分が感じるのは、確かに前半はそういう身分制がありましたが、例えば武士道的な考え方は、武士だけではなくて、庶民に共有されていた部分もある。

いい意味で、江戸っ子は宵越しの銭は持たないという言葉にもあるように、もっと「中今」を生きるという意味での武士道、何が起きても慌てずに対応できる心得をわきまえていたように思います。

江戸時代は、庶民の文化が栄えました。浮世絵や歌舞伎、人形浄瑠璃などが発達して庶民が楽しんでいました。江戸時代の後期は、寺子屋が２万余りもあったというし、読み書きそろばんを勉強していました。しかも、身分制をネガティブな意識として捉えていたようにも見えないんです。

神原　幕府は自分たちのポジション争いに忙しくて、庶民に目が向いていなかったんじゃないのかなと思います。

庶民の暮らしぶりや、特に武家の武士道もすばらしいと思いますけど、僕は、それを支えていた女の人たちもすばらしかったなと思います。

矢作　そこなんです。江戸時代があれだけみんなが楽しく暮らして、明治維新という大波を食らっても潰れなかったのは、女の人が立派だったからなんですね。

神原　そう思いますね。女性が夫を支え、家族を支え、分をわきまえていました。
それをちゃんと次の世代へと語り継いできて、その役目を守ってきました。

矢作　旦那はせいぜい「亭主関白」どまりですけど、女の人は「かかあ天下」ですから。

神原　すばらしい女性たちが、武家という役職を守ってきたと思います。女性があってこそ男性が仕事に集中できるという、いい見本じゃないかなと思います。

矢作　あれを男尊女卑と誤解している人がいますが、そうではなくて、役割分担と捉えないといけないんですね。

神原　当時は女性がそれをやることに不満もなかったと思うんです。

矢作　もちろんです。

神原　逆に、自分の意思や自分を活かすことを理解して、料理の好きなお母さんは料理を、縫い物が好きなお母さんは縫い物を、そして、それを子どもたちに伝えています。また、お料理やお掃除が苦手だからといって、そこを卑下する意識もなかったと思います。

矢作　ある意味での縄文的なものを感じるんですよ。

つまり、多様性の中で個々人の役割を楽しんでいた。

神原　昔の女性は旦那さんやお子さんに対して、本当に愛情深いですね。

自分はここまでやるべき、けれど、ここからはタッチしてはいけない、などというわきまえ方をよく理解していたと思います。これは立派な意識だったと思います。

矢作　社会言葉では「分をわきまえる」というのでしょうけど、もっと深いものだったと思うんですよ。

神原　そうですね。武家の人たちは、職人や農民に尊敬される身分でしたから、身分の低い人間に対しても優しく指導する力を、女性たちは持っていたと思いますね。

そういうことで町や村は上手につながっていたと思うんです。これは江戸時代のいい文化だったと思いますよ。

矢作　だから、江戸時代は、戦後の人たちが言うような、身分制度でガチガチにしばられていた暗い時代というのとは全く逆に見えます。

神原　いい時代だったからこそ続いたとも思います。悪い時代だったら崩壊していたと思いますので。たぶんガチガチにしばられていたのは、上の人たちですね。

矢作　上の人たちが今一つだったと思います。治安は良くて、江戸八百八町、100万を超える人口の中で、警察署は2つしかなくて治まっていたわけですから。

でも、幕閣たちの数も少なかったし、知恵のある人をうまく活かすように動けばよかったんでしょうけど。

神原　そこに意識はあまり行かなかったようですね。

矢作　「○○の改革」は、少ない人数で、ない頭を振り絞ってがんばっては、よく失敗したでしょう。

神原　自分たちが偉くなることに夢中になっていたから。

矢作　国民たちは一生懸命がんばっていた。

神原　国民はすばらしかったですね。僕はどちらかというと文化のほうが好きなので、浮世絵とか、陶器とか、江戸時代につくられたものは、すばらしいものがいっぱいありますね。

矢作　本当に多いですね。

神原　この文化がいまに継承され、私たちにその時代の光を見せてくれているのだと思います。
矢作　時代の必然だろうけど。徳川家はうまくやりましたね。
神原　これも女性の力ですね。
矢作　だって、ねえ。
神原　大奥ね。女性が活躍した時代ですね。
矢作　いまよりよっぽど実力を発揮していますからね。
神原　女性は女性のポジションでやったほうが活かされるんです。

天にあたえられた仕事は、すべて自分にとって最高のもの

矢作　この本の重要なメッセージは、そこなんです。
いま、男女平等と男女同質をわざと履き違えさせようとしていますが、それは不幸の

始まりですね。いままさにグローバル化の中で、若い女の人たちが自分たちを見失っている。

いわゆる列強の女性のような、アマゾネス化することが女性の幸せじゃない、ということに気づいてほしいんですよ。それを私の口から言うと角が立つけど、康弥さんが言うのはバッチリなんですね。

神原 社会の中で活躍したほうが活かされる女性もいっぱいいます。

矢作 そうでない人もいっぱいいます。

神原 人それぞれ、そしていろんな仕事があり、それはお金という価値にとらわれず、自信をもって働くことが幸せなことなのではないでしょうか。

やりたい仕事ではないにせよ、「天にあたえられた仕事は、すべて自分にとって最高のものだ」と思えるといいと思います。

ですから主婦業などほんとうに価値ある仕事だと思いますよ。また、赤ちゃんは純粋な光そのものですから、赤ちゃんを育てるとは一番尊い仕事だと思います。主婦業に誇りと未来を感じてほしいですね。

矢作　女性の活躍を推進する法律ができていますが、あれはマズい話で、職場だけの話で主婦は入っていないのです。一番尊い仕事なのに。

だから、女性を労働者として社会に駆り出して、子どもを育てにくくするという方策で、政府も、役人も、メディアも、産業もがんばっているわけですからね。

神原　それは逆効果ですね。

矢作　どこかで揺り戻しが来るでしょう。

神原　主婦業はいつのまにか当たり前のこととなり、社会的に認められなくなりましたが、新時代にはとても大事だと気づく人は増えますね。

矢作　小泉進次郎が、「男奥さん」みたいになっては困るわけです。

神原　進次郎さんは、すごく格好いいお父さんらしいですよ。

矢作　グローバリズムの中で洗脳されているわけですね。

神原　産休を取りたかったら、取ったらいいと思いますし、取らずに仕事を続けたい人は仕事をしたらいいと思いますし、これも多様化だと思います。

情報などに惑わされず、自分がどう行動したいのかだと思います。

矢作　自分の動機として純粋ならいいんですね。

神原　大事なのは自分がどうしたいのか、自分に問い続けることかと思います。

矢作　グローバル化の中で同調圧力という形に飲み込まれて、自分を見失っている方へのメッセージになると思うんです。

神原　そういうことがこれからどんどん起きますから、自分の足で立って、自分の思いを素直に受け入れることですね。人や時代に飲み込まれて自分を見失わないようにしなければなりませんね。

矢作　康弥さんは、普通の男性が言えないような表現で、どんどん突っ込んだらいいと思うんです。

神原　ありがとうございます。そうなんです。

仕事を始めた頃は人の心理や思想を知りたくて、宇宙へとぶことをやめて、人のそばへおりるようにしていました。でもそうすると感情がぶれてしまいますし、疲れを感じてしまい、やる気が起こらなくなってしまうのです。

それで最近は意識だけを宇宙に上げるように心がけています。もちろん宇宙へは体は持っていけないのですが、子どもの頃は体も一緒に宇宙へ行っている感覚だったのです。それをやめて感覚だけ上げるよう意識しています。

そうすると一瞬で宇宙へ行け、帰ってくるのも速いです。

これでいままで以上に発信力はあがってくると思います。

また、今後の日本を考えたとき、うかうかしていられない。この時代だからこそ発信力をあげて、光を宇宙と地球に届けなければならないと思っています。

それは心のままに、魂の望むままにという意味なのですが。

歪められた大正天皇

矢作　康弥さんには、大正天皇はどういうふうに見えますか？

神原　良い方だと思います。子どもの頃から病弱だったようですが、魂は天皇家の中でもまれに見る美しい魂の方のように見えます。

矢作　近代で、あれほど公式文書の中で歪められた人はいません。

神原　それはちょうど時代の変化の中、天皇家の仕組みも変わらなければならなかったためではないでしょうか？

矢作　実は頭がよかったんです。だけど、そうではないと言われていますね。時代がちょっと難しかったから、そういうふりをしていた部分があって。

神原　美しい魂の方は我欲がないため、すべてを受け入れてしまい、主張することをよしと思わないのです。ですから言いなりになったり、合わせてしまうことはよくあると思います。

矢作　昭和天皇のように、周りを支える人たちがしっかりしていなくて、結局、山県有朋《やまがたありとも》のような、天皇の意向を理解しない人が為政者として力を振るっていました。

神原　でも、本人からは、「自分はやり切ったので、これで大丈夫です」というエネルギーを受け取りましたが。

矢作　もちろん天皇ですから、ご本人は欠けた気持ちは持っていらっしゃらないと思うけれど、相当苦労されたのではないかなと感じますね。

為政者が、もうちょっといい意味で、天皇の意向をくんでいたらば、日英同盟を廃棄して戦争に進むというところが変わった可能性があるのです。

神原　天皇であっても、天皇の意思が100%通じるかというと、そうではなくて、戦争を起こして大きな富を得ようという意思が周りにすごく強かったと思います。

矢作　天皇といえど、立憲君主という立場の中でできることは限られていたので、民意がそういう方向に行ってしまえば、そうなってしまう。

神原　大正天皇は、「民意に応えることも自分の役目である」と思っていますから、判断に間違いはなかったと自分で思っていらっしゃいますね。とてもいさぎよい方です。

矢作　それが天皇としてのお気持ちでしょうけどね。

ただ、すべては必然とはいえ、もし最後はアメリカと戦うようなことがなければ、いい意味で、また世界が変わったでしょうからね。

もちろん、全部必然ですから、タイムラインを変えることは……。

神原　もちろん必然ですし、過去を変えることはできませんが、学ぶことはできます。

大正天皇は身体的には病弱でめぐまれていませんでしたが、天皇という激務を全《まっと》うされ、ご家族を愛され、周りがなんと言おうと幸せな一生を送られたと思います。

矢作　歴史的なＩｆで、頭の体操ですけどもね。

神原　大正時代は短かったですが、国民性もきれいだし、よい時代だったのではないでしょうか。反対に、政治家は争い事が好きという感じですけど、江戸時代から大正は、国民は本当にのどかに、気持ちよく生きていた時代ですね。

それはもちろん天皇のエネルギーが十分広がっていたということだと思います。

天皇の光が十分行き届くことはとても大事なことです。

また、それを受け取る側の国民も、感謝の気持ちで受け取っていましたから、広がったんだと思います。

どんなに天皇の光が輝いていても、受け取ることが上手でないと広がりを見せませんので、受け取る側も上手に受け取ることが大事ですね。

そういう意味では、昭和になってから受け取り手は随分変わりましたね。

発信する者と受け取る側の差をちょっと感じるので寂しいことです。

昭和――物質主義と我欲の時代

神原　昭和は思いっきり物質主義の時代だったと思いますが、その中で、「天のお使い」のような人がいっぱいいいて、それがすごく面白いですね。

石原裕次郎さんは、天とつながっていた人だと思います。彼自身は思いっきり物質主義の欲張りな方で、モノがいっぱいあるのが好きなんですけど、つながっている人だと思うんですよ。一つのお役目を持って生まれた人で、この人、すごいと思っています。めちゃくちゃ素直。

矢作　自分の欲望にね。

神原　はい（笑）。でも、そういう人もいていいと思います。

矢作　もちろん、そう。近代は、多様化というカオスの中から進化していく時代ですからね。

神原　そうなんですよ。いま、スピリチュアルが好きだったり勉強している人たちは、「我欲はダメ」と一生懸命抑えている人がいます。

矢作　抑えるものじゃないんですね。自分で気づくものなんです。

ダメという中には、善悪の判断が働いているように感じます。

それもエゴなんですよ。何かが善で、何かが悪で、その善のほうに引っ張ろうという意味でのエゴがあるわけでしょう。

神原　善とか悪を考え過ぎてしまうと、自分の可能性を表現できなかったりするから、すごくもったいない。

自分のこうしたい、ああしたいという思いに素直に従っていったほうが、人は幸せだと思うんですね。石原裕次郎さんはとても素直に自分の心に従っていて、欲しいものをいっぱい手に入れて亡くなっていった幸せな人だと思います。

いまは宇宙で神様として、人のお世話をしています。

矢作　いろんな見せ方があるということですね。裕次郎さんは大衆という人たちに喜びを与えたわけでしょう。

テーブルクロス理論でいうと、引っ張るほうだけが大事なわけではなく、また、引っ張られるほうは無意味だということでもない。石原裕次郎さんは、引っ張られる大多数の人々に光を与えたのだと思うんです。

神原　夢を与えたんだと思います。そういう意味では、面白い人だったなと思いますね。昭和は高度経済成長期で、皆さんがあまり不安に思わずに楽しんで過ごすことができた、いい時代だった。

矢作　なぜそうだったかというと、一つは、現象的に見れば経済が右肩上がり、つまり、インフレの時代だったというのがあるのです。まだ経済に負っている部分が大きかった。最初はモノがない時代からのインフレで、そういう意味ではとてもいい時代だった。

ここ30年ぐらいのデフレが人の気持ちを収縮させているということになっているけれども、それも「発想を変えろ」という意味での流れです。

私たちの意識を変えることができれば、デフレの時代を楽しめるんじゃないですか。

神原　「発想を変えろ、柔軟性を身につけろ」ということと、個々の幸せに対してしっかり意識を持っていきなさいということで、いまの現象が起きていると思うんです。

矢作　いい意味で、何でも気づきだと思えればいい。
神原　ただ、日本にあまりにも生産性がないと危ないということも同時に思っています。
矢作　それがプロテクションです。
神原　世界の中の日本を考えたとき、生産性がないということは、世界の中で発言力、主導権がないということになり、戦いにまきこまれる恐れも出てきますから。そこをもっと意識してもいいのかなと思います。
矢作　ぜひそうしてほしいですね。

日本人は「光として生きていけ」

神原　僕は、このお仕事をする少し前に、ご先祖様から「私たちの先祖は、見えない世界を使って生きてきたんだから、あなたもそれを使って生きていきなさい」というメッセージを何回も受け取りました。そういうことか、僕のこの「見えない世界観」はご先祖様からもらったものなんだなと理解したんです。

矢作先生、ご先祖様の影響というのは、どういうものですか？

矢作　我々は光と影、光と闇のある世界の中で、「光として生きていけ」というメッセージに聞こえます。だから、決して闇のほうに惑わされないように。

自分自身が光の役目であるということを意識して生きていくことが、先祖のエネルギーをいまに引き継ぐことなんだろうなという気がしますね。

歴史という形で見ると、明治維新という非常に大きな変換期がありました。それまでは、まだ人間の文化や科学が互いに接する距離が、あるいはエネルギーの接触面が少し遠かったのが、とうとう地球レベルで始まるようになってしまった。

そうすると、特に霊性が低い「力は正義」の文化が、当然広まってくる。

しかし、それでは中庸から外れるので、またそれを「光のほうへ戻す」、「光の方向へ行く」という意味での役割を感じますね。

神原　明治というのは、大きな戦争が世界的に増え始めた時期だと思います。

科学の発達によって、争い事が大きくなってきました。

矢作　それはエネルギーをたくさん使うようになったからです。
エネルギーは、いまのところ、無限ではなく、有限資源からとっているので、力による奪い合いがひどくなったのです。日本はちょっと遅れましたが、西洋では、ちょっと前の産業革命以降だと思うんです。

神原　「エネルギーを持っていないと国が栄えていけない」という価値観になっているから、戦争が起きたのですね。

矢作　仮にエネルギー資源が何もなかったら、経済も立ち行きません。それはあくまでもさまざまな有限資源を使えるようになったからです。

神原　戦争が起きて、やっと人間は命の尊さを学ぶことになったんですか。

矢作　「より」でしょう。1914年に始まる第一次世界大戦が、「世界大戦」という名前がつくものとしては初めてですね。
それはさまざまなエネルギーを奪い取って栄えたものが、それでもまだ足りていなくて、お互いに欲を出して、とどまるところを知らず奪い合った結果です。

神原　多くの犠牲者を出して、やっと目が覚めるというところに来ているんでしょうか。

矢作　いや、まだですね。少なくとも、一部の人を除いては。

やっぱりエゴなんです。本来の調和、役割分担がわかる意識に変わったときに、エネルギーを仲よく使いましょうとなるだろうし、フリーエネルギーも出てくるのだと思います。

神原　エネルギー問題はすごく重要ですね。

矢作　そうですね。人間は、食料も含めて、エネルギーの奪い合いでいまがあるわけです。江戸時代は、現代の40分の1のエネルギーで暮らしていたそうです。それでも40分の1は使っていたとも言えるから、縄文はもっと少なかったでしょう。

取るものと取られるものというのではなくて、人間が自然に取り分を心得ていくようになれば、自然のものを自由に使えるようになるでしょうね。

私が初めて北米大陸に行ったとき、「取り過ぎだろう」と感じました。あの広大な北米大陸には、もともと1000万人余りのインディアンが住んでいただけです。

それをヨーロッパからやってきた欲深い人たちが全部食い尽くしただけでなくて、まだ足りなくて、太平洋に出ていってハワイを取っちゃうし、日本とぶつかる。

いやあ、本当に欲深いですね。それを初めてアメリカに行ったときに感じました。

神原　アメリカの人たちはモノがないと不安な人種です。自分の目の前に多くのモノを並べて安心しようとやっきになるのですね。非常にかわいそうなんですよ。

矢作　客観的に言えばそうなんですけど、かわいそうでは済まなくて、その結果、もっとかわいそうになっているインディアンみたいな人たちがいるし、動物もたくさん死んでしまった。本当に力で際限なく欲張ろうという人たちですね。

神原　アメリカ人は、日本人では考えつかないようなルール違反をします。ストレスにも弱く、すぐに暴力的になる。日本人は霊性が高いから、そう思えるのかもしれませんが。

アメリカを48番目の県にする

矢作　逆を言えば、彼らだって思いきり闇を照らすという存在意義があったからこそ、それによって科学が進歩する。殺戮《さつりく》兵器も含めて。

神原　そういう意味では、僕は、アメリカ人の感覚を日本人も少し持ったほうがいいんじゃないかなとも思います。光の人は闇に無頓着なところがありますから。

矢作　それを私は「プロテクション」と言っています。

神原　日本人は霊性は高いですけど、繊細なので手をこまねいてしまいます。やさしいので「ノー」が言えないのです。

矢作　肉体ももちろん大事ですが、思いきり霊性を高くして、光で闇をパーッと照り返して、少しずつ人間が変わっていく方向になっていくと思うんですよ。

私がいつも言っているのは、アメリカが48番目の県になればいい。

神原　そのほうが早いかもしれないです。

そのためには日本人が宇宙とつながって、一瞬で霊性を上げるべきですね。

矢作　それしかないんです。彼らは日本をしゃぶり尽くすことを覚えた中毒者と同じなので、決して戦前のような意味でのフィフティ・フィフティというか、独立性を保てないんですよ。

神原　それも政治家にはまかせないで、私たち宇宙とつながっている者たちからだと思います。

矢作　そうですね。焦って日本の独立、独立と言っている人がいますが、そんなに簡単なものではありません。仕組みがそうなっているので。

神原　でも、中毒者は光っているところには寄ってこない。

矢作　日本の照り方が足りないから、こうなっているんですよ。

神原　僕もそう思います。政治家にまかせていないで、私たちが行動する力、発言の力をもっと熟成しなければなりませんね。

矢作　日本はとにかく縄文の霊性を思い出して、徹底的に光ればいいんです。

闇と同じレベルで相撲を取ったりしないで。

神原　そうしたら、日本が本来もっている精神的強さ、誠実さ、優しさが高じて多方面から豊かになるでしょうね。

光の人と闇の人

矢作　クリスタル・チルドレンたちの時代には、光を取り戻しているでしょう。
神原　ただし、クリスタル・チルドレンを尊重できる「いま」がないとダメです。
矢作　それもなるようになると思います。だって、クリスタル・チルドレンたちのほうが賢いから、ダメなところに出てきません。必要なときに、必要な人を選んで生まれています。
神原　先ほども述べましたが、東日本大震災のあと、7～8年前から宇宙上級層の魂が3～5分割されて地球に生まれてきています。
上級層の魂は神様クラスの魂ですから、生まれてきたときから自分の役目を強く意識した子どもです。この子どもらがクリスタル・チルドレンと呼ばれています。
子どもの頃から才能を発揮しますし、今後このような子どもはふえていくと思います。

また、次元上昇にそなえてこのようなことが起きているのだと思います。これは東日本大震災からの時代の流れでもあるのです。

矢作　やっぱり言えることは、どうでもいい不安を持たないことです。究極は、どっちでもいい。

神原　そういう意味では、5年後、10年後は面白いですね。

矢作　私はこれから10年と思っているんです。

神原　10年すれば、確実に広がっていますね。

矢作　だから、心配は要らない。

神原　よく生徒さんがお子さんを連れてくるんですけど、目を見ると、この子はクリスタル・チルドレンだというのはわかります。目の輝きが違います。

矢作　本当に違いますね。私は人を見るとき、結局、エネルギーでしか見ていないんですけれども、目のところに表れます。

神原　僕は、そういう子のどこを見ているのかな？　たたずまい、顔のつくり。何だろうな……。守護霊は、その人の霊性が高まればどんどん変わってくるので、守護霊はあまり気にしなくていいと思っています。

矢作　人それぞれなんでしょうけど、私は、「光の人」は目のあたりが非常に明確に見えます。「闇の人」だと目がゆるんでいるというか、目のあたりを墨でベチョベチョと曇らせたように見えます。

これは人種とはあまり関係ない。欧米人だからそうというのではなくて、日本人の中にもそういうふうに見える人もいれば、外国の人でもきりっと見える人もいますね。

神原　エネルギーの強い人は、目の輪郭もきっちり見えるし、顔の輪郭もきっちり見えますね。

矢作　ゆるんでいる、ぼけているだけではなくて黒いんですね。目のあたりがもやもやとなっているように見えます。

よく朝鮮半島の人と日本人は似ていて区別がつかないという人がいるけど、私は多くの場合違って見えます。

神原　それはすごいですね。病気を持っている人たちは、病気の部分にコールタールみたいな黒いものがベトッとくっついていたり、赤いのがくっついていたりします。

そうすると、この人は肺のあたりが悪いんだなとか、お腹のあたりが悪いんだなと思います。それで「気をつけたほうがいいよ」と助言したりします。

その人の可能性は、おでこから出ている光で見えます。

その人のおでこから何種類も光が出ていて、太くてきれいに見える光が、この人の未来だなと。でも、そのときどきで選択が変わってきますから、次に会ったときは、まったく変わっていたりして、未来を見るのはなかなか難しいところがあります。

矢作　私はさっき、よしあしではなく、「状態として見える」ということを言いたかったんです。

決して闇がいいとか悪いとか、光がいいとか悪いとかでなく、役割分担なので。

神原　でも、自分の役割に気づいていない人がいるので、光の人たちには、できれば早く気づいてもらいたいですね。

一人ひとりが光であることに気づいてもらえば、日本全体が次元上昇し、よい国になりますので。自分のためにも日本のためにもお願いしたいです。闇の人は気づいてもらわなくてけっこうですが。

矢作　希望としてはもちろんそうですが、私は、いまはどちらでもいいです。

神原　でも、気づきたい人もいると思うんです。

矢作　もちろんそうなんですけど。

神原　先生はそういう情報を出してもらう役割。僕は若いので、未来に向かいましょう（笑）。

矢作　そうですね。それも役割分担ですね。

地球上にどのくらい魂の輝きが必要なのか、天はわかっています

矢作　いま、日本人の意識が進んで、子どもを産まなくなっています。出生数も数の原理で政府をはじめ少子化の不安をあおっていますが、そうではなくて、「質に転換している」と気づかないといけないですね。

神原　地球上にどのぐらいのエネルギー、魂の輝きが必要なのかというのは、天はわかっていますから。人口が減ったら、その分、光る魂、大きな魂を生まれさせてくればいいだけのことなので、少子化のことはあまり心配してはいません。

矢作　ちょっと言いにくいけど、私もそういうことを言っているんです。

神原　生徒さんの中には、「子どもが欲しいんですけどできません」とお悩み相談でいらっしゃる方もいます。そういう人に僕は「そんなに考える必要ないよ、子どもがいないならいないなりの幸せがあるし、子だくさんのお家は子だくさんのお家なりの幸せがあるよ」とお伝えしています。

　他人と自分を比べて、自分が持っていないことが不幸と思っているのかもしれませんが、そうではない。

矢作　私は皮肉な人間なので、本気で人と比べて言っているのか、それとも本心で子どもが欲しいのかというのは、ちょっと微妙だと思っています。

神原　基本的には、本当に子どもが欲しいとは思っていません。

矢作　結局、そこなんですよ。同調圧力を感じている人が少なくないんじゃないですか。

神原　親とか世間の目を気にして悩んでいます。

矢作　その証拠に、子どもを得ても大事にしない人がいっぱいいますから。

神原　大事にしないのではなくて、「大事にする方法」を知らないのです。

矢作　それは言い逃れです。いまどき聞こうと思えば聞けるんですよ。

知恵がないと言ってしまえばそれまでですが、子どもを預かった以上、それは言いわけにすぎません。

神原　そこがわからない人が多いですね。

親としての価値観が身についていないです。

矢作　人生が比較的短かった頃は、武士の元服、大人になるのも早かったのが、いまは後ろにずるずると延びている面もあるわけですね。それは、意識の成熟も遅れるけれども、肉体ももっと長くもつと、みんなの意識が変わってきているように思うんです。

我々の子どもの頃だと、60歳でもうおじいさんでしたが、いまは80代でも若々しい人がけっこういます。これも集合意識が肉体に及ぼした影響なわけですね。

それと同時に、よく例に出されるけど、特攻隊の人たちが、10代で立派な文章で遺書を書いている。いまだと30代でも書けるかどうか。すべてが後ろにズルズルと延びています。

子どもを産める年齢もある程度延びていますが、いまの20代は昔の10代ぐらいの意識のまま、肉体は一応大人だから子どもを授かっているという気がします。

神原　それでもまだ、時代の歪みには発展しないだろうなと思っています。大丈夫です。

矢作　結局、我々の見ている世界は、自分を含めた人々の意識の投影です。すべて必然ですし。あとは、それを心地よいと思えるかどうかですね。

感謝の貯金

神原　物質主義はもう終わりで、「モノがなくても幸せと感じられた者勝ち」と思っています。

そうなると、どうしたって霊性を高めていくしかないというところに行くと思います。

それに気づいている人は、少ないかもしれないけど、気づき始めているんだなというのは感じ取っています。僕たちがこうすればいいと言っても、できる人はできるし、できない人はできない。

僕は、「気づきなさいね」、「気づきが霊性を高めますよ」と言っています。いままで知識に頼ってきた文化なので、「知識ではなくて、気づきなんだよ」というところになかなか行けない。

第2章でも述べましたが、一番いいのは、「電車で見えた景色は何を覚えていますか？」という質問。見えたものに対してどう思いましたかというところから始めないと、「気づきって何？」となってしまいます。

たぶん矢作先生が「中今《なかいま》です」と言うのは、いま自分が何を感じたか、何を考えたかを1つ1つ腑に落としていきなさいよということだと思っています。

矢作　「1つ1つの行為に感謝する」と言っています。

いま、このコップが見える。ありがたい。コップを持つことができた。ありがたい。コップの水を飲むことができた。ありがたいということが気づきとも言えるし、「いまの瞬間に意識がある」とも言えるし、「五感も磨かれる」とお伝えしています。

神原　「感謝というエネルギー」は、すごくきれいな最高のエネルギーなので、それが宇宙に上がるんですね。

矢作　それはそうでしょう。木の葉1枚落ちるのだってわかるわけですから。

宇宙に上がると神様はそれをキャッチしてくれて、誰が言ったかもわかっています。

神原　そうすると、「ありがとう」と言ってくれた人たちにエネルギーを一斉に降ろしてくれます。だから「ありがとう」とたくさん言った人たちは、宇宙からのエネルギーを自然とためていて、「いまこのとき」にそのエネルギーを使えるんですね。

そういう意味で窮地を救われるとか、いいことが続くとか、そういうことが現実的に起こります。

矢作　「感謝の貯金」ですね。

神原　そういうことをしておくといいと思います。

矢作　本当に「自分に一致する」と、とんでもない力が出ることに気づけると思うんです。

神原　とんでもないことが起きることに対して、これは自分の力だと思ってはいけないわけです。宇宙から助けられているんだな、つながっているんだなという感覚があると、自分自身がすごく温かくなって、2度も3度も感謝ができるというふうにつながってきます。この表現方法でいいのかわかりませんけど。

矢作　本当にありがたいですね。

神原　僕はこれを「愛の循環」と言っています。

気持ちよく死ねるために

矢作　自分自身も、山から落ちて普通は助からないようなところで助かったりして、宇宙から助けられたと感じることがありました。

臨死体験の人も、ほぼ例外なく、そうみたいですね。そういう大きなイベント、非日常という形を通して、伝えてくれる部分も多々あるのでしょうね。

神原　人は自分が「これから生きていく」とか「死んでいく」ということを日々選んでいます。選んでいるからこそ、いま生きているわけですけど。

僕は三途の川を渡っているときに、「あなたはこのまま川を渡って宇宙に行きますか？　それともお母さんのもとに戻りますか？」と聞かれて、「お母さんのところに戻ります」と言って戻ってきたんです。

臨死体験というと特別な感じがしますが、実は皆さんも日々やっています。

僕は寝ているときに宇宙に上がるんですけど、宇宙で必ず「あなたは宇宙に戻ってきますか？　それとも布団に戻りますか？」と聞かれて、「布団に戻りたいです」といつも言うんです。

本当は、宇宙にいたほうが体は楽だし、好きなところに行けるし、部屋でじっと寝ているのはもうイヤだから、宇宙にいたいと時々思いますが、宇宙に行くと、「戻りたいです」と言っちゃうんです。

自分でも、なんていいかげんなんだろうと思いますが、結局、地球が好きなんですね。グチグチ怒ったり、泣いたりしますけど、結局、僕は地球が好きなんだ、母親のもとが好きなんだと思って、宇宙に対して申しわけございませんという気持ちになるんです。

矢作　自分では気づかないけど、執着という形で見せているんでしょうね。

あるとき、もういいいと思うときが来るみたいですよ。

神原　死というものを時々考えます。自分が子どもの頃は、「僕は宇宙のほうが大好きだからずっと宇宙にいたい、死ぬのなんて怖くないよ」と思っていたんです。

でも、最近、いま死んだら残念だろうと思いますね。残念なときには死ねないだろうと思います。たぶん時期が来たら、やり残したことはないから、もういいなと思うかもしれませんが。

またそれを目指してもいますけど、そう思えるように、いまのうちにやりたいことをやっておこうと思います。

そういう意味では、まだいまじゃないんだ。

でも、死ぬときは絶対に心地よく死にます。「気持ちよく死ねる」ということは、自分の経験とかいろんなものを見ていて、普通にちゃんと生きている人は気持ちよく死ねることがわかっているので、その場面は怖いなとは思っていないんですけど、途中であきらめるような残念な死に方はしたくないです。

僕は宇宙のことをいろいろ話していますけど、それは皆さんに、「死というものの価値観を変えてもらいたいな」と思っているからです。

死は恐ろしいものでもないし、かといって宇宙に行ったらのんびりできるわけでもない。学びの場所を変えるだけのことであって、まだまだ学ぶ場所なんだよということも知っておいてもらいたいですね。

矢作 いつでも、どこでも、すべて意識の進化ですね。

神原 魂は自分が進化することを楽しんでいます。

逆に「進化しない自分」は嫌いですから、常に進化したいんですよ。

そういう意味で、宇宙を忘れちゃった人たちに、宇宙はこういうところだったでしょうとお知らせしておいて、楽に逝ってもらおうと思っています。

本当は死は厳しいものでもないし、怖いものでもないはずです。

肉体があると、痛いとか苦しいということを味わわされるので、ついつい死もそういうところかなと思いがちですけど、そういうところではありません。

矢作　想像力というか、そういうのを信じるしかないと思うんですね。もちろん、苦しいのが好きな人は別ですけれども。

神原　苦しい体験をしたい人もいると思います。僕も人生の前半はそうでしたが、後半は違います。

　苦しい体験をしたいという人の意識があるから、病気は進化してしまう。病気は進化しなくていいはずなんですけど、どうしても進化する。

矢作　病気も人の意識がつくるものなので。

神原　特効薬ができてもできても、病気ができるのは、たぶんそういうことなんだなと思います。

矢作　皆さん、どこかで病気が好きなんじゃないですか。

神原　これからは「病気は好きじゃないのでかかりません」と思ってもらいましょう（笑）。

「天皇晴れ」――皇室は途絶えない

神原　そのうち日本は、海外からも注目を浴びると思います。日本人の感性、美しいと思う心、人への真心、生活習慣、道徳などが取り入れられると思うのです。海外に出て、日本人は初めてそのことに気づくんじゃないかな。

矢作　外から見ないとわからない。鏡を見ないと自分の顔が見えないように。

神原　日本の情報や文化はどんどん海外に出ていくでしょう。日本人は日本のよさに気づき、ヨーロッパやアメリカの文化や風潮は、日本人には合っていないのだと、やっと気づくでしょうね。

矢作　２０２１年は、世界との関係でいえば、オリンピックという日本の大調和の気風を自然に伝えるという意味で、大きなきっかけになります。

神原　日本のいろいろなよさを、大きいところから細かいところまで、オリンピックに関わっている人たちだけではなくて、見ている側も感じたり、認識したりするいい場になると思いますので、とても大事だと思います。

いまはいいことも悪いこともすぐにSNSで広がりますから、そういう意味で、日本人の誇りとかよさを、日本人の側が再認識しておいたほうがいいと思いますね。

自国のよさはなかなかわからない部分もあると思うし、こんな古いものとか、こんな変なものというのが、海外ではいいとされる場合もありますから、恥じることなく日本をアピールできたらと思います。

繰り返しますが、日本は霊性の高い国です。それは考え方や生き方などの姿勢に出ます。そういうものを世界にアピールしていくべきだと思います。

本来は政治家の皆さんのするべきことでしょうが、政治家の皆さんがそれに気づくにはまだ時間がかかりそうなので、産業や文化からそれを取り入れていかれたらどうでしょうか？

矢作　２０１９年10月22日に行われた即位礼正殿《そくいれいせいでん》の儀をＴＶやインターネットで伝えましたね。あれもよかったと思うんです。

正殿の儀のとき、それまでの雨が上がって虹が出ました。あれを見ても、天皇と国民の意識が映し出されているということを、気がきいた人だったら気づいたと思います。

神原　あれは「天からの祝福」でしたね。

矢作　「天皇晴れ」と呼ばれています。ひと昔前だったら、せいぜい新聞に載るくらいでしたが、いま、インターネットで一斉に見られます。

神原　皆さんは希望とか、もっというと、暮らしのエネルギーを欲しているということですね。欲しているからこそ敏感に反応する。

矢作　もちろん、闇の人はそれを見ようとしないというか、見られないんでしょうけど、多くの人は希望があるんでしょうね。

大嘗祭を全く報道しなかったのは朝日新聞です。

神原　やっぱり。最近の情報操作にはノーを突きつけなければならないと思いますよ。

矢作　インターネットや、どこにもくみしないものであれば、皆さんが見られるので、ああいう瑞兆《ずいちょう》を意義深く気づかれた人は少なくないんじゃないでしょうか。

あれがまさに「令和の始まり」をあらわしていると思います。

神原　雅子様はすごく繊細で、霊性が高いように感じています。霊性が高い人は繊細ですね。

矢作　メディアも含めた国民の集合意識を受けていたんです。皇太子妃の間にものすごくたたかれたでしょう。

　私は、「地位効果」と思いますが、皇太子妃から皇后になるというのは、とんでもないエネルギーを自分で担うことです。

神原　自分の立場が高くなると、無意識レベルでも自分でエネルギーを集めるのです。それを意識することで何十倍も集めることになるのですね。意志が強くなればなるほど集まってきますね。それは一般の人も同じです。

矢作　みんな論理思考の中で直線的に考えて、不安とか懸念、怒りなどの感情を持ってしまうけど、そんなものは必要ないんですよ。

神原　天皇家のありかたは時代とともに変わっていきますが、光の質は変わらないものと思っています。

矢作　すべて天意ですから。

神原　研究家の人たちは、皇位継承は男性でも女性でもいいじゃないかとか、女性が後を継ぐとお婿さんが来ないとか、いろいろ心配していますが、いままでちゃんとやってきたので、心配する必要はないんじゃないですか。

矢作　それは天意ですから。そこがもう一つ、わかってもらえないんですね。

神原　やっぱり、途絶えるものではないんですよね。

矢作　もちろん。

神原　宇宙は光（天皇）めがけてエネルギーを降りそそいでいるのです。

もし皇室がなくなってしまったら、どこに光を降ろせばよいのかわからなくなって、日本に降りてくるエネルギー量は減ってしまうでしょうね。

そういう意味でとても大事な光の存在だと思います。

そのためにも光である人間は、光であるための努力を怠らず、光である意識を保ち続ける必要がありますね。

矢作　人類における日本の役割を多少なりとも理解すれば、そういうことが起きないというのは薄々わかると思うんです。人類が闇が大好きになっちゃって、地球とサヨナラするというのだったら、それもありでしょうけど、そうはなりませんからね。

魂の存在はなくなりません

神原　もし地球がなくなったとしても、私たちの魂という存在はなくならないので大丈夫です。

矢作　残念ながら、なくならないんですよ。

神原　輪廻転生を考えたとき、地球がなくても別時空に移動するだけでしょうね。

矢作　私はそれがけっこうしんどくて。

神原　先生、大丈夫ですよ。しんどかったらお休みもできますよ。

矢作　消えてなくなれるとしたらどんな世界だろうと、私は幼いときに、ふと思いました。楽じゃないですか。でも、そうはならないともちろんわかっていたから、ため息をついたんです。

神原　ため息をついてください。僕の感じだと、意識はなくならないし、意識集合体もなくならない。でも、お休みはできます。休んでください。

死も怖いものじゃないし、破戒も怖いものじゃないですね。

矢作　地球服を脱いで場所を変えるだけですから。

神原　意識集合体（魂）は地球だけにとどまりませんから、別時空からお助けも来ますので大丈夫です。

休むというのは、人とコミュニケーションをとらなくていいよということですし、また、ほかの意識集合体ともコミュニケーションをとらなくていいのです。ポツンといても大丈夫。好きなところにポツンといることもできます。宇宙に戻ることも含め、自分の好きなところにとまっていられます。プラスのエネルギーでも、自分の好きなところにいて、誰とも関わらなくてもいいという状態になれます。

例えば宇宙根源の目の前まで行くと、とても心地よい感覚になり、何も感じない無の状態になれ、自分という感覚さえなくなります。

最近その感覚を味わっています。

初めてのときはビックリして、自分がほんとうになくなってしまうのかと思いましたが、無の状態になってしばらくすると、宇宙根源に「そろそろお母さんの所へ帰る時間ですよ」と言われて、いつもの自分に戻ります。

その後4～5日間、「生きててよかった、幸せでよかった」と涙を流すほどの感動を味わえます。これはゼロポイントに到達し、レベルアップしたのだと思います。

日本の覚醒のために

矢作　自分に一致して生きる。「中今」で生きる。それに尽きます。大調和です。

神原　人に気づくんじゃなくて、自分に気づく。自分に気づくと、人のこととか社会のことに気づける。

矢作　結局、中が外につながっているわけです。エネルギーの流れ（トーラス）と一緒ですね。

神原　話は長くなるのですが、自分の存在意義、小さな世界から社会を考えるようになったきっかけをお話しします。そうした一人ひとりの目覚めが、日本の覚醒につながっていくと思いますので。

２０１１年、東日本大震災のときには多くの方が亡くなりました。僕はその日の朝から宇宙に呼ばれ、これから起こることとその意味を知らされました。

その日の夜になって、初めて宇宙に教えられている通りのことが実際に起きていてそれに驚き、動揺がおさまるのに恥ずかしいことですが2～3日を要しました。

震災が起きて、3日後、岩手に住んでいる祖母といまだに連絡が取れないというので意識を飛ばして探してみました。

祖母の住む町は子どもの頃に何度か行ったことがあり、その場所をイメージすればわけなく行けます。すぐに祖母を見つけ、生きていることが確認できました。

その日から昼間は祖母を見守り、被害状況を見て回りました。目で回れば回るほど涙も出てこないほどの荒れようで、「神は何を伝えようとこんなことをするのだろうか?」と思いました。

宇宙は僕に「これから人類の進化が起きる。目を見開いてこの現状を見るように、そして自分の役割に気づくように」そういったけれど、なぜこんなことが起きたのだろうか、震災の意味も宇宙のメッセージの意味もわからず、「なぜなの、なぜなの」と宇宙に向かって問いかけました。

すると、小さな雪のつぶと一緒にらせんを描きながら、銀色に光るエネルギーが辺り一面に降り注ぎ、それはそれは美しく輝いてニコニコと微笑んでいるように感じられました。

それでも宇宙は僕の問いには答えてくれず、何日もがれきを見ては宇宙に問いかけ、そのたびに銀色のエネルギーが降り注ぎ、宇宙は笑っているように感じられました。

夜になるとがれきの中から赤い魂がゆっくりと浮かび上がってきます。まるでホタルがどこからか飛んできたかのようにそれは光ります。

そして一つの集合場所に自然と集まってきます。

しかし、見えない世界の中では多くの思いが行き交い、まるで戦場のようなありさまでした。多くの亡くなった魂たちは自分の死を受け入れられず、恐怖心、いきどおり、悔しさを抱え、自分の体から魂を浮かび上がらせることができない者でいっぱいだったのです。

しかし、宇宙はそれを想定し、亡くなった魂を迎え、宇宙に導く仕事をする神々を地球上に多く差し遣《つか》わせていたのです。

宮城県気仙沼の沿岸には亡くなった多くの魂が見えました。自分が死んだことに気づかず、身体に受けた衝撃で魂自体も気絶しているようでした。

そこに宇宙へ帰す役目を担う神々が降り立って、こう叫んだのです。

「さあ、おまえたち、おまえたちはもう死んだのだ、死んだ者は宇宙に帰らなければならない。もう目を覚ますのだ。一緒に宇宙へ帰ろう」

「いいか、海の男たち、お前たちは海と一緒に生まれた。もう十分役目をはたした。もう未練を残すんじゃない」

「オレたちは海の男だ。その誇りを思い出せ。勇敢に津波と戦った。もうこれ以上ここにいる必要はない」

「いままで培った力は、宇宙でまた発揮すればいい。オレを信じてついてこい」

そう言った男は、この辺に住んでいた漁船の船長でした。生前はみんなに慕われ、親方と呼ばれていました。背が高く声の大きな男気のある人だったのです。

それは神となって働くようになってても見てとれます。亡くなって10年もしないうちにみずからこの仕事を選び、神の一員となったのです。


もう一人、僕の目を引いたのはまるくて、ぽっちゃりした元気なお母さんの神様です。

「私は、仕事もしたことがないし、学校もいい所へは行かなかったけど、4人の子どもを育てあげた主婦のプロよ」と明るく笑っていたのが印象的でした。

亡くなった人には子どもを抱えたお母さんも多く、このお母さんたちは自分が死んだことを理解すると、「自分の子どもはどうなったのか」、「夫はどうなったのか」と早い時期から動き出し、右往左往してパニックとなりました。

集合場所に集まってこない。名前を呼んでも返事がない。しかたがないので一人ひとりを神々が探し出すこととなりました。普段神はそのようなことはしませんが、自分の役目を全うしようと神々も必死になってさまよう魂を探し回ったのです。

「○○さ〜ん、どこですか〜？　いらっしゃったら返事をしてくださ〜い」

やっと見つけても、亡くなったお母さんの魂は「私の子どもはどこですか？　一緒にいて死んだのだと思うのですが、どこにもいません。お願いですから探してください」と泣きながらぽっちゃりした元気なお母さんの神様にすがるのでした。

お母さんの神様はその話を丁寧に聞き、一緒になって子どもさんを探し、宇宙へ出発する時間になると「次の時間になったら絶対にお子さんを昇華させますから、先に行ってください。必ず宇宙の下級層で会うことになっていますよ」と説明したり、根気よく優しく説得するのでした。そして自分のエネルギーをやさしくつつみこむように分けあたえるのでした。

その様子があまりにもせつなく、子どもとはぐれた魂の思いを考えると、悲しみではりさけそうになったことを覚えています。

しかしこのような悲惨な状況であっても神々はうろたえることもなく、亡くなった一人ひとりの魂と丁寧に対話しながら集合場所に集め、いっせいに魂たちが昇華するのを見送るのでした。

僕はその様子を見て感動しました。日本社会もこうあるべきだと思ったのです。

多くの人間がいれば弱い者や困った者もいる。そのような者を見て見ぬふりをしたり、いじめの標的にするのではなく、自然な形で支え合うことができる社会であってほしい。また、自分も神々のように言葉と行動だけでなく、自分のエネルギーで人を助けられる人間になりたいと思ったのです。

なぜなら言葉や行動だけで人を支えようとすれば、たちまちその人自身に限界がきて、たちゆかないのを神々の行動を見てわかったからです。

「私じゃなければ助けられない」とか「あなたには無理よ」という神はすぐにエネルギー不足を起こして宇宙に帰らなければならなくなります。

「みんなで力を合わせてこの魂を昇華させましょう」とか「少し休憩してもう一度試してみましょう」と提案できる神は、何日も何日も疲れを見せず働けます。

神にもそれぞれ力量の差があり、その力によってできることとできないことがあるのも知りました。

だから自分は、心、意識を広げて本物の神になりたいと思ったのです。

これが僕が小さな世界から社会へと目覚めていくきっかけです。

宇宙エネルギーを取り入れて、霊性を上げることを加速させてください

神原　21歳になる正月に、宇宙の日本会議に呼ばれました。

それはある空間に多くの人が集まり、日本についての会議がなされます。

近い将来のことから遠く未来のことまで、日本のこと細かなことが話し合われます。

そのとき一番下の段の真ん中に座っていたのは日本の天皇であり、となりに座っているのは皇后陛下でした。天皇に言われたのは一言、「日本を救ってください」でした。

それから僕は長い間、悩みました。「どうすれば日本を救えるのか？　救うとは何をもっていうのか？」考えても考えても分かりませんでした。

しかたがないので、自分ができることをやってみようと思ったのです。詩を書くこと、本を出版すること、講座会、ビジネス。今思えばそれがよかったのかもしれません。いろいろな経験ができました。それらが自分を社会の中で活かすための目覚めだったと思います。

そして分かったのです。幸せを手に入れればいいのだと。

自分を高めるために一番必要なのは、お金でも地位でも、名声でもない、幸せ感が必要なのだと思ったのです。そして、すべての人がこの幸せを手に入れたくて、悩んだり迷ったり、もがいているのだとも思いました。

幸せは自分の思いに気づくことで手に入ります。

結局、お金がほしいと求めていたら、地位を求めていたら、幸せは感じることができません。お金や地位にとらわれてしまうからです。

現代人は感じる力がどんどん失われています。

それはエネルギーが不足しているからです。

縄文人は天とつながっていたといいますが、それはエネルギーにあふれていたから、すなわち霊性が高かったからです。

不足しているなら、宇宙のエネルギーを取り入れて、満たす努力をしたらよいのです。霊性は多くのことに気づき、感謝することでもエネルギーを取り入れることができますが、直接宇宙エネルギーを取り入れることが気づきが早まり、自然と感謝の心が出てきます。それだけ宇宙エネルギーは万能なのです。

ぜひ宇宙エネルギーを取り入れ、霊性を上げることを加速させてください。これは僕の連続講座で教えています。

そして10年後の日本は木々の緑濃く、自然豊かな国となり、人々は楽しみながら働き、愛する者と語り合い、生き生きと光を放つ。平和でおだやかに過ごすことができる神聖なパラダイスとなっています。

そして僕の魂は、そのことを喜び、しっかりと光を見すえています。

どうぞ皆さん、安心して自分を高めることに集中してください。

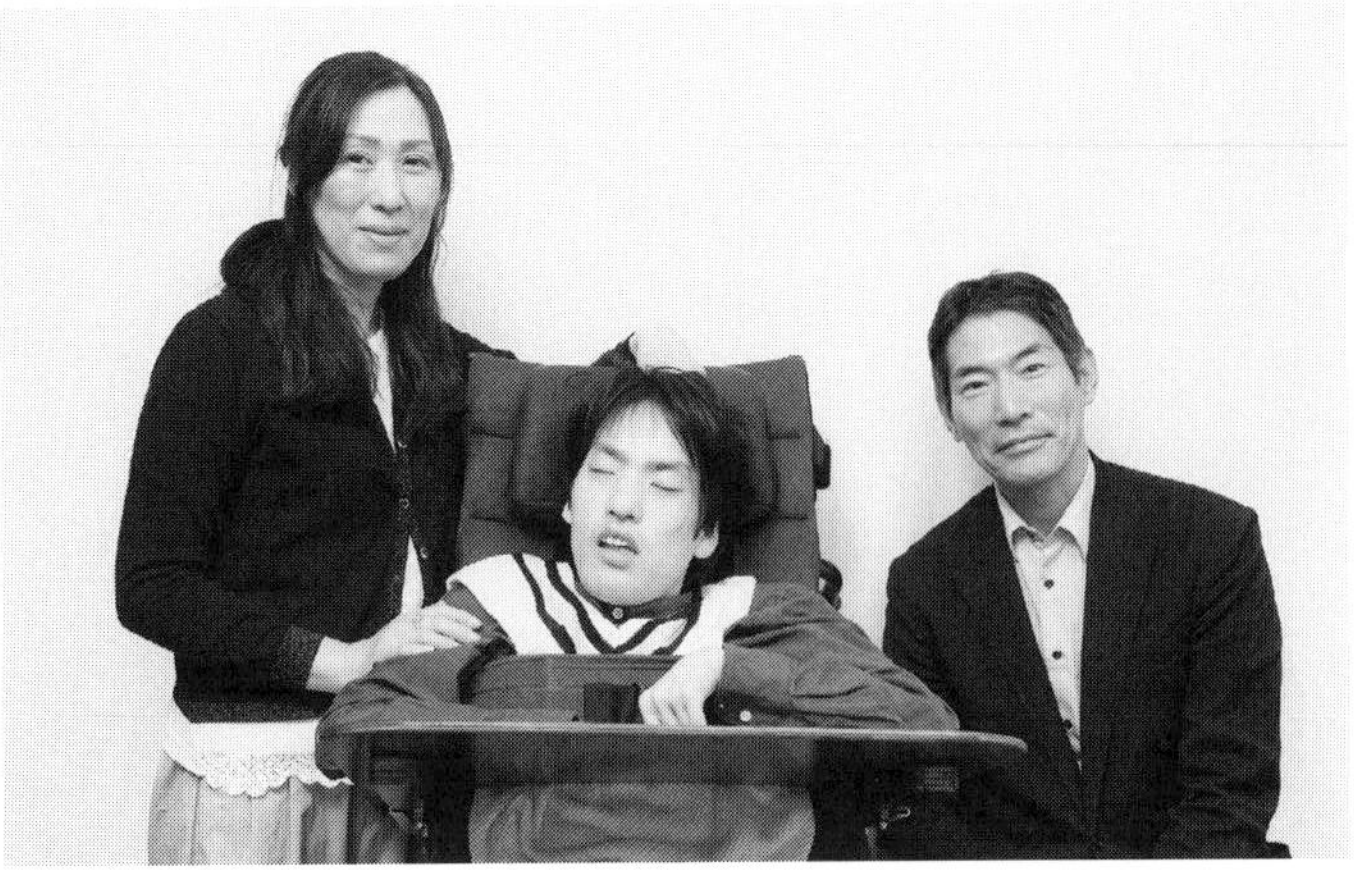

神原英子氏　神原康弥氏　矢作直樹氏

おわりに――「よき大調和を実践する日本人」

矢作直樹

この度、神原康弥さんといま私たちが直面している世界の激変期について語らせていただけたことは、とてもありがたいことでした。

新型コロナウイルスから私たちが何を学ぶのか、という時宜にかなった話題を切り口として始めさせていただいていますが、康弥さんは直接宇宙からのメッセージというかたちで披露してくださったので、私もとても話がしやすかったです。

いままでの人類の営みは、有限資源を力で奪い合うことを繰り返してきました。

まさに「力こそ正義」です。

そしてそれがいま、転換期に差し掛かっています。

この時期に私たちが何をしたらよいか、それが世にどのような意味を持つかを知ることは大切です。

やはり私たちは日々過ごすのに感謝の気持ちを持って中今《なかいま》を生きることが基本です。決して自己に埋没するのではなく、自分を通してご先祖様の息吹を感じ、よき大調和を実践する日本人として社会の中で有機的に機能し、子孫につなげていければと思います。

今回、康弥さんの人生は普通の人よりも厳しい肉体条件を選んでいらっしゃると思います。そのために、康弥さんは私が言えなかったり、言っても受容されなかったりするようなことを、身をもって語られ、それがたいへん説得力のある言葉になっていらっしゃると思います。

特にグローバル化の中で平等と同質とを混同させていく風潮に対して、康弥さんがはっきり異を唱えていらっしゃるのはとてもありがたいことです。

そしてそれを支えてこられた母・英子様には感謝してもしきれません。「この母にしてこの子あり」と実感させられます。

どうも私たちは自分自身でものを考え行動していると考えがちですが、多次元世界の中でじつにさまざまなかたちで思考・行動に影響を受けていることを忘れないようにしたいものです。

縄文人とユーラシア・ヨーロッパ大陸などの人々との混血した子孫である私たち日本人に、縄文人の大調和の霊性が引き継がれています。

これに私たちが気づいて自分自身で実践していけば、私たちが思う以上に広がり、国内にとどまらず世界に変化を及ぼしていくことでしょう。

もちろん、ここしばらくは天変地異、疫病、騒乱など乱気流にもまれる状況が続くでしょうけれど、それはやがて明けるので、そのようなものと心得て、先を心配することなく過ごしてまいりたいものです。

よき日本人として教科としての歴史ではなく、古代からいままでそれぞれ当時を生きた人たちの空気感を、神原康弥さんのおかげで簡潔明瞭に表現できたのではないかと思っています。

この本をお手にとっていただいた読者の皆様に、少しでもお役に立てたなら望外の喜びです。

2020年6月吉日

矢作直樹（やはぎ　なおき）
神奈川県生まれ。金沢大学医学部卒業。麻酔科を皮切りに救急・集中治療、内科、手術部などを経験。1999年、東京大学大学院新領域創成科学研究科環境学専攻および同大学工学部精密機械工学科教授。2001年、東京大学大学院医学系研究科救急医学分野教授および同大学医学部附属病院救急部・集中治療部部長。2016年３月に任期満了退官。東京大学名誉教授。
著書に、『人は死なない』（バジリコ）、『おかげさまで生きる』（幻冬舎）、『日本史の深層』（扶桑社）、『日本歴史通覧 天皇の日本史』（青林堂）等。

『矢作直樹』公式ウェブサイト
http://yahaginaoki.jp

神原康弥（かんばら　こうや）
平成５（1993）年５月10日生まれ。２歳半、脳症と告げられ、生死をさまよい、重度障がい者となる。６歳、母と「筆談」というコミュニケーション法を会得し（その後「指談」へ）、詩を書き始める。８歳、特別支援学校の教員に体罰を受けたことがきっかけで、宇宙根源の存在に気づく。小中学生のころは、妖精や精霊とよく会話した。20歳の正月、宇宙会議の夢を見る。ふつうの人に見えないものが見える。そのことを世の中に広めていこうと決心、お話会を始める。22歳、母とともにオフィスKOUを設立し、コンサルティング、また、意識改革を目的とした、連続講座、講演会などを行っている。
著書に『願いはゆっくりゆっくり 叶えられるんだよ』（徳間書店）、『大すきなママへ』（廣済堂出版）、『ぼくはエネルギー体です』（風雲舎）がある。

e-mail　officekou@kouenergy.com
公式サイト　https://www.kouenergy.com

日本の霊性を上げるために必要なこと

第1刷　2020年6月30日

著　者　矢作直樹　神原康弥
発行者　小宮英行
発行所　株式会社徳間書店
〒141-8202　東京都品川区上大崎3-1-1
目黒セントラルスクエア
電　話　編集(03)5403-4344／販売(049)293-5521
振　替　00140-0-44392
本文印刷　本郷印刷(株)
カバー印刷　真生印刷(株)
製本所　ナショナル製本協同組合

ISBN978-4-19-865089-6

徳間書店の本★好評既刊！

2020年最高の私を生きる 令和時代の最強手帳

著者：はせくらみゆき

**2020年は変化の
エネルギーに満ちて、物事が
どんどん拡大・成長していく年。**

あなたはどんな年にしたいですか？
この手帳を使うことで、宇宙を味方につけて暮らせるようになり、成功体質となって、あなたが望む素晴らしい現実が想像を超えてやってきます！

**2020年を
運気良く過ごすための
コツや秘訣が満載!!**

宇宙を味方につける リッチマネーの秘密

著者：はせくらみゆき

**確実に変化が訪れる方法で、
宇宙一リッチになりましょう！**

本書で紹介する、あっさり、さっくり、「福の神次元」になる魔法の一手は、欲しいものをイメージする「引き寄せの法則」よりもパワフルで効果的！

- お金が寄り付きたい人
- 貧乏神と福の神
- 宇宙は太っ腹！ケチではありません
- リッチマネーライフを送るためのステップ
- どんなお財布を選ぶ？
- 「お金」のエネルギーのもとにある姿とは？
- 宇宙を味方につけて豊かになれる「お金の使い方」

お近くの書店にてご注文ください。

徳間書店の本★好評既刊！

内なる神様とつながって
セルフパワーを活性化する！

著者：大野百合子

世界が大きく変化する今、わたしたちにもっとも必要なのは
セルフパワーです！
「わたしって素敵じゃん！」と思えたら、
素敵な出来事がふえてくるのが宇宙のしくみ。
思い込みが作り上げた自己像――〈古い自分〉を刷新して、
新しい命を生きてみましょう。
あなたのセルフパワーが確実にアップする方法が満載!!

自分の名前は最強のマントラ

どんなときでも必ず答えをキャッチできる方法

宇宙のたった一つの法則

「奇跡が当たり前」という流れを止めてませんか？

お近くの書店にてご注文ください。